AF382742

Bei Ingrid bedanke ich mich für ihre unendliche Geduld.

Ich danke dem Club Sellemols (Historienfreunde Maikammer-Alsterweiler) für die freundliche Unterstützung bei der Abfassung des Werkes.

Einnahmen Geld in der Gemeinde Maikammer 1572

Bürgermeister-Rechnung 1572
Bürgermeister-Rechnungen Maikammer mit Alsterweiler
Band I

MATTHIAS C.S. DREYER

Matthias C.S. Dreyer, Jahrgang 1959, lebt seit 1988 in Maikammer und Alsterweiler. Schon während seines Berufslebens als Stadtplaner (AK Rheinland-Pfalz) und Dipl.-Ing. für Raum- und Umweltplanung begann er mit heimatkundlichen Forschungen zum Ortsteil Alsterweiler. Er setzt sich für die Nutzung digitaler Technologien in der Heimatforschung ein. Jedem soll jederzeit Zugang zu kulturhistorisch bedeutsamen Werken ermöglicht werden.

Für die Abbildung auf dem Umschlag wurde vom Landesarchiv Speyer mit dem Aktenzeichen 7363-0002# 2024/2125-0756 LAV / 31. Juli 2024 die Genehmigung zum Abdruck erteilt.

Druck und Distribution im Auftrag des Autors durch tredition GmbH, Halenreie 40-44, 22359 Hamburg, Deutschland.

Dieses Werk ist auch digital verfügbar.

Eine Version mit fortlaufender Aktualisierung sowie weitere Informationen finden Sie unter: www.alsterweiler.matthiasdreyer.de

INHALTSVERZEICHNIS

EINORDNUNG

Im Landesarchiv Speyer wird unter der Bezeichnung LA Sp U 103 Nr.99 ein Büchlein aufbewahrt, das die Einnahmenaufstellung des Jahres 1572[1] für die Gemeinde Maikammer[2] mit Alsterweiler[3] enthält. Das Bändchen[4] ist in einem schlechten Erhaltungszustand. Insofern erschien es angeraten, eine Übertragung vorzunehmen. Bei der ersten Sichtung ergaben sich einige bemerkenswerte Sachverhalte zu den Einnahmen der Gemeinde in der Mitte des 16. Jahrhunderts. Beim genaueren Studium sind dann einige erweiterte Erkenntnisse hinzugekommen, die bisher an keiner anderen Stelle[5] veröffentlicht worden sind.

Bei der Auswertung des Büchleins, wie auch bei anderen ähnlich gelagerten Quellenbetrachtungen, zeigt sich, daß Johannes Leonhardts „Geschichte von Maikammer=Alsterweiler"[6] aus dem Jahre 1928 nach wie vor die Referenz für Ausführungen zur Geschichte der Ortsgemeinde Maikammer mit Alsterweiler und Weinsweiler[7] darstellt. Johannes Leonhardt teilt allerdings bezüglich der hier vor-

---

[1]   *Die Angabe zum „Haushaltsjahr" lautet lediglich 72. Es ist aber unstrittig, daß es sich um das Jahr 1572 handelt.*

[2]   *Ortsgemeinde Maikammer, heute 67487 Maikammer im Landkreis Südliche Weinstraße.*

[3]   *Ortsteil Alsterweiler, heute zur Ortsgemeinde Maikammer gehörend.*

[4]   *Die vollständige Bezeichnung lautet im Original: „Inname gelt in der gemeynn zu Meynkhamer Hans Obendruffen daselbst belangenn anno 72 jar". Sehen Sie dazu in der Edition Seite [1].*

[5]   *Ausgenommen die folgende Veröffentlichung im Selbstverlag als E-Buch: Dreyer, Matthias C.S. (2019): Bürgermeister-Rechnung 1739-40, online verfügbar zu beziehen über den Vertrieb des HEKMA-Verlags. Im Folgenden als Dreyer (2019) angegeben.*

[6]   *Leonhardt, Johannes (1928): Geschichte von Maikammer=Alsterweiler, Selbstverlag, Maikammer, (Band/Ausgabe: 1, 216 Seiten). Im Folgenden als Leonhardt (1928) angegeben.*

[7]   *Weinsweiler ist eine abgegangene Siedlung (Wüstung). Umfangreiche Ausführungen sehen Sie Fußnote 40.*

liegenden Einnahmenrechnung keine einzelnen Informationen mit, geht eher summarisch darauf ein.

Das im Jahre 2015 erschienene Ortsfamilienbuch Maikammer-Alsterweiler von Günter Schäfer und Martina Stöckl[8], kann, bezogen auf die hier erwähnten Personennamen, als bedeutsame Erschließungshilfe angesehen werden. Das Ortsfamilienbuch ist der bedeutendste Zugewinn an Erkenntnissen zur Ortsgeschichte von Maikammer und Alsterweiler seit dem Erscheinen von Leonhardts „Geschichte…“.

Auch erwähnt werden sollte in diesem Zusammenhang das Werk von Richard Wittmer[9] (Flurnamen), das unter kulturhistorischen Gesichtspunkten den Standard für die Gemeinde setzt. In der Aufstellung von 1572 werden einige Flurnamen benannt.

Urban Ziegler hat seine Recherchen in mehreren Jubiläumsschriften Maikammerer Vereine veröffentlichen können. In Bezug auf die Dorfrechnungen scheinen immer wieder einzelne Aspekte auf[10] [11].

---

[8] *Schäfer, Günter; Stöckl, Martina (2015): Ortsfamilienbuch Maikammer-Alsterweiler Band 1 und Band 2, Selbstverlag, Neustadt an der Weinstraße, (Band/Ausgabe: 2, 1086 Seiten). Im Folgenden als Schäfer/Stöckl (2015) angegeben.*

[9] *Wittmer Richard (2000): Die Flur von Maikammer-Alsterweiler. Ihre Namen und steinernen Zeugen in Geschichte und Geschichten, 208 Seiten, mit Karte als Beilage. Im Folgenden als Wittmer (2000) angegeben.*

[10] *Ziegler, Urban (1970): Singt dem Herrn ein neues Lied! Katholische, Kirche Maikammer. In: Katholische Kirchengemeinde Maikammer (Hg.): 100 Jahre Kirchenchor Maikammer, Speyer, S. 59–64. Im Folgenden als Ziegler (1970) angegeben.*

[11] *Ziegler, Urban (1975): 100 Jahre Freiwillige Feuerwehr Maikammer. In: Freiwillige Feuerwehr Maikammer (Hg.): 100 Jahre Freiwillige Feuerwehr Maikammer. Festschrift verbunden mit dem 2. Kreisfeuerwehrtag des Landkreises Landau-Bad Bergzabern. Unter Mitarbeit der Freiwilligen Feuerwehr Maikammer. Im Folgenden als Ziegler (1975) angegeben.*

Zu vermissen ist bis heute eine vertiefende Darstellung der Verwaltungsstruktur und des Haushaltswesens der Gemeinde. Die vorliegende Übertragung kann diese Lücke nicht schließen, aber einen weiteren Baustein beitragen. Denn bereits mit dem Werk „BÜRGERMEISTER-RECHNUNG 1739-1740 MAIKAMMER MIT ALSTERWEILER (Bürgermeister-Rechnungen Maikammer mit Alsterweiler)" von Matthias C.S. Dreyer ist eine Publikation zum Thema Gemeinderechnungen als E-Buch erschienen. Die vorliegende Veröffentlichung ist die Nummer I dieser Reihe (Bürgermeister-Rechnungen Maikammer mit Alsterweiler / I).

Das Landesarchiv Speyer hält weitere ähnliche Bestände vor. Sie lassen sich wie folgt fassen: Landesarchiv Speyer LA Sp U 103 Nrn.99 bis 273. Sie umgreifen einen Zeitraum von 1572 bis 1816/17. Bisher liegen dazu keine systematischen Übertragungen vor. Auch die Bestände U 103 Nrn.94 bis 98 ergänzen diesen Sachbereich. Es handelt sich dabei um Steuerlisten zu den Dorfrechnungen. Dort finden sich weitere interessante Sachverhalte zur Herbst-Geld-Bede oder zur Mai-Geld-Bede. Und schließlich sind noch die Haingeraide-Rechnungen zu erwähnen.

Das Landesarchiv Speyer hält eine zusammenfassende Aufstellung (U 103 Repertorium) über der Gemeinde Maikammer zuzuordnenden Archivalien bereit. Es handelt sich um den Titel „Archiv der Gemeinde Maikammer/Pfalz". Die Zusammenstellung stammt aus dem Jahre 1952 und wurde von der damaligen Inspektorenanwärterin Marianne Doll zusammengestellt. Dazu schreibt die Verfasserin: „Die Gemeindearchivalien von Maikammer wurden am 21.VIII.1913 in drei Kisten dem Staatsarchiv Speyer übersandt. Ihre Verzeichnung kam offenbar infolge des 1. Weltkrieges nicht zustande...".

Zwischenzeitlich liegt eine Übersicht zu den Rechnungen (Dorfmeister, Bürgermeister usw.) für Maikammer-Alsterweiler auf der Internetseite zu Alsterweiler[12] vor. Dort lassen sich die Lücken in einigen Jahren erkennen. Die jeweiligen Verfasser der Rechnungen sind aufgelistet.

Eine Zusammenstellung sämtlicher Dorfmeister-, Bürgermeister- oder Gemeinderechnungen wird ebenfalls auf der Seite „www.alsterweiler.matthiasdreyer.de" vorgehalten und ergänzt.

Die folgenden Ausführungen geben stichwortartig einen Einblick in die Verhältnisse der Zeit um das Jahr 1572 in der Gemeinde Maikammer-Alsterweiler:

Die bedeutenden Amtspersonen der damaligen Zeit nennt schon die Dorfordnung aus dem Jahre 1549:

„Nachfolgende Ordnunge sind zu Nutz und Gut der Gemeinde zu Maycammer durch Schultheiß, Dorfmeister, Sechster und Beetleger daselbst beraten und mit Bewilligung derer von der Gemeinde, wie Nächstes zu halten, bewilligt und angenommen worden. Auch sich demnach ein jeder wisse vor Schaden zu hüten, soll solches jeden Jahres der Gemeind als Herkommen öffentlich verkündet und vorgelesen werden. "[13] [14]

---

[12]   *Sehen Sie dazu: www.alsterweiler.matthiasdreyer.de.*

[13]   *Doll, Anton L. (1985): Die Maikammerer Dorfordnung von 1549. In: Historischer Verein der Pfalz (Hg.): Mitteilungen des historischen Vereins der Pfalz (Hg.) 1985, 83. Band. Unter Mitarbeit von Anton L. Doll. Speyer: Verlag des Historischen Vereins der Pfalz e.V. (Mitteilungen des Historischen Vereins der Pfalz, 83. Band), S. 5–361. Im Folgenden als Doll (1985) angegeben.*

[14]   *„Neben Schultheiß und Gericht waren die Hauptpersonen der Gemeindeverwaltung die Bürgermeister. Bis 1650 hießen sie Dorfmeister, von da an Bürgermeister. Sie hatten als wichtige Aufgabe die Gemeinderechnung zu führen, überhaupt alle Einnahmen und Ausgaben zu überwachen, die wichtigsten Gelder einzusammeln und dem Landesfürsten abzuliefern.". Leonhardt; Damm; Treptow (1986):*

Es werden Schultheiß, Dorfmeister, Sechser und Beetleger[15] erwähnt. Sie haben die Dorfordnung beraten und „mit Bewilligung derer von der Gemeinde" wurde sie dann angenommen.

In der Mitte des 16. Jahrhunderts erfolgte ein weitreichender Wandel in Alsterweiler, der auch auf Maikammer wirkte. Viax von Oberstein[16] erneuerte die Kredenburg[17] und errichtete einige neue Bauten. Die von Oberstein[18] waren der einzige „Ortsadel", der in Maikammer und Alsterweiler direkt ansässig war. Zahlreiche Urkunden zeigen das Wirken der von Oberstein und der angeheirateten von

---

Ortschronik Maikammer Alsterweiler. 1. Teil - Geschichte von Maikammer-Alsterweiler von Johannes Leonhardt 1928 II. Teil Chronik von Maikammer-Alsterweiler ab 1928 und Chronik der Verbände und Vereine 1986, Ortsgemeinde Maikammer (Band 1 und Band 2), Seite 177. Im Folgenden als Leonhardt; Damm; Treptow (1986) angegeben. Diese Angabe ist wie folgt zu berichtigen: Der Schultheiß war der vom Landesherrn eingesetzte Verwaltungs- und Vollstreckungsbeamte. Der Dorfmeister war dagegen der aus dem Rat bzw. von den Bürgern gewählte Vertreter. Der Sechser war das Gemeindegericht. Dessen Mitglieder waren die „Sechster".

[15] *Er legt die Bede, die einstmals „erbetene", freiwillige Abgabe an den Grundherrn fest. Die Höhe der Bede wird im Bedbuch aufgeschrieben. „Bete-leger, m.", Pfälzisches Wörterbuch, digitalisierte Fassung im Wörterbuchnetz des Trier Center for Digital Humanities, Version 01/23, <https://www.woerterbuchnetz.de/PfWB?lemid=B02301>, abgerufen am 03.06.2024. Referenz zur gedruckten Ausgabe Anfang des Artikels: Bd. 1, Sp. 740, Z. 48.*

[16] *Conrad, Otto (1956): Die Herren und Ritter von Oberstein. Idar-Oberstein. Im Folgenden als Conrad (1956) angegeben.*

[17] *Hener, Markus (1994): Die Kredenburg im Wandel der Jahrhunderte. Erläutert von Markus Hener. Maikammer: Selbstverlag. Im Folgenden als Hener (1994) angegeben.*

[18] *Dolch, Martin; Stammnitz, Peter (2008): Die von Oberstein in der Pfalz. In: Bezirksgruppe Kaiserslautern im Historischen Verein der Pfalz e.V. (Hg.): Kaiserslauterer Jahrbuch für Pfälzische Geschichte und Volkskunde. Vormals Jahrbuch zur Geschichte von Stadt und Landkreis Kaiserslautern (Alte Folge 43/44 2006/2007). Festschrift für Martin Dolch zum 85. Geburtstag, 6/7. Unter Mitarbeit von Jürgen Keddigkeit. Kaiserlautern (Kaiserslauterer Jahrbuch für Pfälzische Geschichte und Volkskunde), S. 43–68. Im Folgenden als Dolch/Stammnitz (2008) angegeben.*

Dalheim[19] [20] im und um den Ort. Alle anderen nachgewiesenen Adeligen hatten im Ort zwar Grundbesitz, waren aber nicht im Ort ansässig.

- *„Neben dem linken Torstein sind 2 Wappen, das Oberstein'sche, der aufrechtstehende Löwe und das Dalheim'sche Wappen. Neben dem rechten Torstein befindet sich die Inschrift: „Ich Viax vom Stein macht den Baw. 1548."*"[21]

Weitere Ereignisse dieses Zeitraums:

- *„Er* [Hans Friedrich von Oberstein] *tauschte am 23. Juli 1564 mit Anstett einen Acker…"*[22].

- *„Anno Domini 1570 auf Sampstag den 29. July zwischen 9 und 10 Uhr nachmittags ist in Christo seliglich entschlafen der edel und erenfest Hans Friedrich vom Oberstein seins Alter 36. dem Gott ein fröliche Ufferstandnis gnediglich verleihen wole. Amen."* [23]

- *„Dies ist jedoch nicht der erste Beweis für Musikpflege in Maikammer. Die Dorfrechnungen […] enthalten schon im ersten Jahr (1570) Ausgaben für „Drummschläger und Pfeyffer". Zwei Jahre später feierte die Gemeinde ein Fest. Sie kaufte dazu „4 Steig feines Wein" und „dingt einen Cantio (= Sänger) aus".*

---

[19] *Henschel, Hans-Dietrich (1995): Rauenberg und die Junker von Dalheim. In: Heimatverein Kraichgau (Hg.): Kraichgau - Beiträge zur Landschafts- und Heimatforschung, XIV. Im Folgenden als Henschel (1995) angegeben.*

[20] *Henschel, Hans-Dietrich (1996): Rauenberg und die Junker von Dalheim: Ein Nachtrag. Heimatverein Kraichgau. Im Folgenden als Henschel (1996) angegeben.*

[21] *Leonhardt; Damm; Treptow (1986), Seite 195.*

[22] *Leonhardt; Damm; Treptow (1986), Seite 197.*

[23] *Leonhardt; Damm; Treptow (1986), Seite 201.*

Für seinen Gesang bekam er 50 Ortspfennig, den zehnfachen Tageslohn eines Arbeiters."[24]

- *„Links im Hofe steht ein altes Brennhaus, über der Türe ist die Jahreszahl 1568 und 2 Wappen, der Löwe und ein aufrechtstehendes Beil. In der Scheuer befindet sich über dem Kellereingang die Jahreszahl 1571 und die Wappen wie am Brennhaus.*"[25]

- Interessant sind auch die Vorgänge im Klausental, die mit Alsterweiler in Verbindung stehen. *„Im Jahre 1573 vertauschte der edle Stephan zum Jungen und seine Hausfrau Ursula v. Dalheim die Klause nebst Kirche und allem Zubehör, die sie von ihrem Vater ererbt hatte, an seinen Schwager Moriz von Morschheim.*"[26]

DER DORFMEISTER HANS OBENDRUFF (DER ALT)

Der Aussteller der Einnahmen Aufstellung heißt Hans OBENDRUFF. Auf dem Einband ist in der Mitte der oberen Hälfte zu lesen: *„Inname gelt in der gemeynn zu Meynkhamer Hans Obendruffen daselbst belangenn anno 72 jar.*"

Etwa in der Mitte ist zusätzlich geschrieben: *„Hanns Obenndroff der alt.*"

---

[24] *Leonhardt; Damm; Treptow (1986), Seite 635. Die Rechnung des Jahres 1570 ist nicht erhalten. Insofern bleibt unklar, auf welche Rechnung sich Leonhardt bezieht. In der hier bearbeiteten Einnahmen Aufstellung von 1572 ist an keiner Stelle das Thema „Musik" erwähnt.*
[25] *Leonhardt; Damm; Treptow (1986), Seite 195.*
[26] *Leonhardt; Damm; Treptow (1986), Seite 137. Inzwischen gilt die Urkunde als verderbt.*

Die Familie OBENDRUFF kam wohl aus St. Martin[27] nach Maikammer. *„1597 ist Hanß Obendruff bereits Schultheiß in Maikammer; der* [Familien]*Name taucht zum letzten Mal in einem Verzeichnis auf, das dem Kirchenbuch von 1697* [1602] *vorangestellt ist.“*[28] Bei dem im Jahre 1597 erwähnten Hanß OBENDRUFF muss es sich demnach um Hanß OBENDRUFF den Jungen handeln. Die Amtszeit von Hanß, dem Alten endet spätestens im Jahre 1574. Denn im Jahr 1575-1576 werden Ulrich PREYS und Wolf FISCHER als Verantwortliche für die Dorfrechnung benannt. Ihr Vorgänger war Bechtold ZIDEL[29] [30], der also im Jahre 1574-1575 Dorfmeister oder Schultheiß gewesen sein muss[31].

EINNAHMEN

Die Einnahmen Aufstellung ist kein Rechnungsbuch. Es gibt keine Summenbild-ungen, keine Gegenrechnung von Einnahmen und Ausgaben. Ein Receß fehlt, also die Summierung der Rückstände aus den vorlaufenden Rechnungsbüchern in Form einer abschließenden Aufstellung[32]. Es werden weder Verwaltungsausgaben,

---

[27]   *Sehen Sie dazu: Ofer, Erwin F. (1999): Volkszählung im Hochstift Speyer, Seiten 125 und 127.*

[28]   *Leonhardt; Damm; Treptow (1986), Seite 339. Die Angabe 1697 ist falsch. Es handelt sich um das Verzeichnis von 1602. Auch handelt es sich nicht um die erste Erwähnung des Namens. Leonhardt (1928) schreibt richtiger-weise: „ 1530 kommt Hans und Valentin Obendruf vor, 1592 Nikolaus, 1589 und 1595 Jörg und Hans Obendruf, 1602 kommt neben Hans nur die Witwe Hans Obendruf des Alten vor. 1619 gab es nur noch die Witwe Hans Obendrufs, da ihr Kind Jakob geb. am 16. Oktober 1597 jung starb. Im 30jährigen Kriege verschwand die Familie ganz. “.*

[29]   *Der Nachname ist bestätigt über die Urkunde LA Sp U 103 Nr.100 sowie LA Sp D 22 Nr.117, fol. „Bestandsbrief (1580), Nr. 13“. Darüberhinaus taucht der Name „ZIDEL“ an einigen anderen Stellen , bisher nicht übertragender Urkunden für Maikammer oder Alsterweiler auf. Ein Torbogen in Alsterweiler, Turmstraße Nummer 4 trägt den Namen Peter ZIGEL mit dem Datum 1582.*

[30]   *Benannt ist ein Wendel Ziedel in einer Urkunde des Reichskammergerichts, Landesarchiv Speyer E 6 Nr. 2903.*

[31]   *Sehen Sie dazu: LA Sp U 103 Nr.100.*

[32]   *„Receß“, Grammatisch-Kritisches Wörterbuch der Hochdeutschen Mundart (Ausgabe letzter Hand, Leipzig 1793–1801), digitalisierte Fassung im Wörterbuchnetz des Trier Center for Digital Humanities,*

Beschaffungen oder sonstige Verwendungen von gemeindlichen Geldern gelistet. Es fehlt sogar ein einfacher Übertrag aus den Vorjahren.

Die Aufstellung aus dem Jahr 1572 wird landläufig als *„älteste Rechnung der Gemeinde Maikammer-Alsterweiler"* bezeichnet. Diese Einschätzung gründet auf dem Fehlen von weiteren Aufstellungen vor dem Jahr 1572[33]. Was aber kein Beleg für die Bezeichnung „älteste" sein kann. Vielmehr ist anzunehmen, daß mindestens nach dem Erlass der Dorfordnung von 1549 derartige einfache Einnahmen Aufstellungen nötig und gebräuchlich wurden. Denn in dieser Dorfordnung 1549 sind „Strafzahlungen" für Vergehen festgelegt.

Da aber die Dorfordnung wohl auch einen Vorgänger in Form eines Weistums[34] hatte, könnte es auch schon davor Aufstellungen gegeben haben, die aber leider nicht erhalten sind[35].

Das Büchlein steht dennoch ganz unter dem Eindruck der Dorfordnung von 1549. Dort sind alle Vergehen aufgelistet, die zu Strafen führen. Diese sogenannte Einung[36] ist der überwiegende Gegenstand der Einnahmen Aufstellung von 1572. Ergänzt werden die Eintragungen durch die Zahlungen für die Erlangung des Bürgerrechts. Wohl eine Einnahmenquelle, die bereits längere Tradition besaß. So lässt

---

Version 01/23, <https://www.woerterbuchnetz.de/Adelung?lemid=R00609>, abgerufen am 13.07.2023. Referenz zur gedruckten Ausgabe: Anfang des Artikels: Bd. 3, Sp. 989, Z. 36.

[33] *Die an anderen Stellen erwähnte Gemeinderechnung für das Jahr 1570 konnte im Landesarchiv Speyer nicht aufgespürt werden.*

[34] *In der Dorfordnung heißt es dazu: „...diesem büchlein sind des dorffs zuw Meinkeimer herbrachte und geipte orde peen und straffen zuw halten schuldig begriefen". Damit ist belegt, daß es zuvor schon derartige Regelungen gegeben haben muss. Die Form eines Weistums ist anzunehmen.*

[35] *So datiert die erste Stadtrechnung für Neustadt an der Weinstraße auf das Jahr 1383. Sehen Sie dazu den Nachweis in Fußnote 38.*

[36] *Sehen Sie dazu: Frühneuhochdeutsches Wörterbuch: http://fwbonline.de/go/einigung.s.1f_1669814430.*

zumindest der eindeutige Titel vermuten. Zudem werden die Gemeindeeinnahmen aus der Allmende (dem Überfeld) verzeichnet.

Die Einung, auch Eynung[37][38], ist das zentrale „Vollzugsmittel" im gemeindlichen Zusammenleben von Maikammer und Alsterweiler in der Mitte des 16. Jahrhunderts[39]. Mit der Festlegung der „Streitgegenstände" in der Dorfordnung ist ein „Vergehensrahmen" gesetzt. Das Laufen lassen eines Tieres auf einem fremden Grundstück, das Abwerfen von Nüssen von einem Nußbaum eines Mitbürgers waren die typischen Vergehen, die zu bestrafen waren. Auch der Traubendiebstahl war verbreitet und musste geahndet werden. Ebenso mussten Bäcker und Metzger immer wieder „geeint" werden. Wohl wegen qualitativ schlechter (vermischter) Ware oder falscher Bemessung beim Wiegen. Offenbar waren die Verkäufer auch säumig, was das Anbieten von Brot und Wecken des sonntags vor der Kirche betraf. Bei den Bäckern wird der Begriff „Broteinung" oder „Weckeinung" verwendet.

Insgesamt werden folgende Kapitel, in der Regel mit dem Beginn eines neuen Blattes genannt:

Einnahme Uebie Feld (wohl Überfeld) – f. 1^v und f. 2^r

---

[37] *Deutsches Wörterbuch von Jacob Grimm und Wilhelm Grimm, Neubearbeitung (DWB) Band 7, Spalte 1118, Zeile 36 [Rahnenführer], Einung / Eynung, u.a. „Übereinkunft, Vertrag, Vergleich".*

[38] *Sehen Sie dazu auch: Weingart, Johannes (2021): Die Rechnungen der Stadt Neustadt an der Haardt von den Anfängen bis zur Zeit nach dem Bauernkrieg. 1383-1528. 1 Band. Neustadt an der Weinstraße: Selbstverlag der Stiftung zur Förderung der pfälzischen Geschichtsforschung (Reihe A Pfälzische Geschichtsquellen, Band 17).*

[39] *Dies gilt in ähnlicher Form für andere Ortsgemeinden. Sehen Sie dazu: DWB, Band 7, Spalte 1118, Zeile 36 mit zahlreichen Belegen.*

Bürgerrecht – f. 2$^\text{v}$

Einnahmen Broteinung – f. 3$^\text{r}$

Einigen Phillip Nebling – f. 4$^\text{v}$

Einigen Hans Jeger – f. 5$^\text{v}$

Einigen Hans Funken Nicken Sohn – f. 6$^\text{v}$ und f. 7$^\text{r}$

Jahrschützen Einungen Jacob Schuster – f. 8$^\text{r}$

Hans Günther der Junge – f. 8$^\text{r}$

Einnahme „Uebie Feld"

Das Überfeld ist eine der interessanten Flurlagen und Gewannen in Maikammer. Es liegt an der Gemarkungsgrenze zu Edenkoben (im hinteren Überfeld), in Richtung der Gemarkung von St. Martin. Das Überfeld liegt oberhalb des ehemaligen Ortes Weinsweiler[40], mit dem Weinsperhübel[41] und dem Oberen Weinsberg[42]. Von Alsterweiler aus gesehen, zieht sich das Überfeld[43] im Süden hinter dem Krops-

---

[40] *Weinsweiler, abgegangene Siedlung - Wüstung - zwischen Maikammer und Edenkoben, etwa in der Höhe der Heiligenbergquelle und dem kleinen „Sonnentempel" des Weingutsbesitzers Spieß, „in villa vero Wineswilare": Remling, Franz Xaver (1970): Urkundenbuch zur Geschichte der Bischöfe zu Speyer. 1. Ältere Urkunden. Neudruck der Ausgabe Mainz 1852. Aalen: Scientia-Verlag. Remling, Franz Xaver (1975): Neuere Geschichte der Bischöfe zur Speyer sammt Urkundenbuche. Unveränderter Nachdruck der 1. Auflage Speyer 1867. Pirmasens: Richter. Sehen Sie dazu nähere Ausführungen: Dolch, Martin, Greule, Albrecht (1991): Historisches Siedlungsnamenbuch der Pfalz. Speyer: Verlag der Pfälzischen Gesellschaft zur Förderung der Wissenschaften (Veröffentlichungen der Pfälzischen Gesellschaft zur Förderung der Wissenschaften in Speyer, 81), Seite 483; auch: Schaab, Meinrad: Territoriale Entwicklung der Hochstifte Speyer und Worms. In: Pfälzische Gesellschaft zur Förderung der Wissenschaften (PfGFW) (Hg.): Pfalzatlas. Pfälzische, Gesellschaft zur Förderung der Wissenschaften: Pfälzische Gesellschaft zur Förderung der Wissenschaften (Hg.), S. 760–780; auch: Schmitt, Max Lothar: Elf Morgen Weinberge, Äcker und Wiesen - Lage des ehemaligen Weinsweilerer Besitzes lässt sich aus alten Grundsteuerkarten erschließen, In: Die Rheinpfalz (Tageszeitung) Land/Region, 29. Dezember 2007; auch: Schmitt, Max Lothar: Gütertausch zwischen Bischof und Leimersheimer Rudolf (957), In: Die Rheinpfalz (Tageszeitung) Land/Service, 28. Dezember 2007; auch: Wittmer (2000), Seite 123ff; auch: Leonhardt; Damm; Treptow (1986), Seiten 28, 136 und 140. Speziell zum Weinsperhof bei: Wittner, Heinz R. (2002): Wiedertäufer auf dem Weinsperhof im 17. Jahrhundert\. In: Pfälzisch-Rheinische Familienkunde XV, Heft 2. Online verfügbar unter https://www.prfk.org/.*

[41] *Sehen Sie dazu die Angaben unter Fußnote 40.*

[42] *Sehen Sie dazu die Angaben unter Fußnote 40.*

[43] *Ubie – Dazu das DWDS (Der deutsche Wortschatz von 1600 bis heute) - Etymologisches Wörterbuch des Deutschen: „Ahd. ubar (8. Jh.), ubari Adv. (8. Jh.), mhd. über, (md.) uber, ober, asächs. oƀar, oƀer, ofer, mnd. mnl. ōver, nl. over, aengl. ofer, engl. over, anord. yfir, schwed. över, got. ufar Präp., ufaro Adv. führen mit den außergerm. Verwandten aind. upári 'oben, über', awest. upairĭ, griech. hýper, hypér (ὕπερ, ὑπέρ) 'über, im Übermaß, über … hinaus, oberhalb', lat. (mit s-Präfix) super 'oben, auf, darüber', air. for 'über, über … hinaus' auf ie. *upér(i) 'über, oberhalb', auch 'über … hinaus', eine Bildung mit komparativischem r-Suffix zu ie. *upo, *up, *eup 'unten an etw. heran', dann 'von unten hinauf, über' (s. auf, 1ob). Die mhd. nhd. Form über (mit Umlaut) geht auf das Adverb ahd. ubari zurück." Sehen Sie dazu ausführlich: https://www.dwds.de/wb/etymwb/%C3%BCber.*

bach[44] – nach der Flurlage Langengraben[45] – hinauf bis zum Weinsperg[46]. Durch das Überfeld zog sich ein „Pfaffenweg"[47] [48]. Dort befand sich das Gebiet des „Glockenzehnten"[49]. Aus diesem Gebiet stammen einige der noch erhaltenen Glockensteine[50].

---

[44] *Kropsbach ist ein Gewässer III. Ordnung, dessen Quelle im Pfälzerwald liegt. Der Kropsbach durchzieht die Ortslage von Sankt Martin und läuft südlich an der Gemeinde Maikammer entlang und zieht dann in die Ortslage dieser Gemeinde hinein. Das Wasser des Kropsbachs speiste drei zu Maikammer gehörende Mühlen direkt. Von der Frankenmühle, der Emmerlingsmühle und der Steinmühle sind bauliche Überreste vorhanden. In der Ortslage von Maikammer ist der Kropsbach seit 1966 zu großen Teilen verrohrt, sehen Sie dazu: Leonhardt; Damm; Treptow (1986): Ortschronik Maikammer Alsterweiler. I. Teil - Geschichte von Maikammer-Alsterweiler von Johannes Leonhardt 1928 II. Teil Chronik von Maikammer-Alsterweiler ab 1928 und Chronik der Verbände und Vereine 1986. 1 Band. Maikammer: Heinrich Schreck KG (Band 1 und Band 2), Seite 318. Das Gewässer verläuft dann weiter nach Kirrweiler/Pfalz, um später in den Speyerbach zu münden.*

[45] *Langengraben entspricht der Flurlage „Am Langgraben". Nach Wittmer (2000), Seite 87 deutet der Name auf eine Befestigungsanlage hin.*

[46] *Sehen Sie dazu die Angaben unter Fußnote 40.*

[47] *Pfaffenweg entspricht der Flurlage „Am Pfaffenweg". Gemäß Wittmer (2000), Seite 82f. (nach Leonhardt (1928) wurde der Weg vom Kloster Heilsbruck hergestellt und „benutzt". Es war der Verbindungsweg von Maikammer über Alsterweiler, die Oberwiesenmühle über den Langgraben hin zum Kloster in Edenkoben. Der Pfaffenweg kommt auch im Heylspruck Schaffney Zinsbuch de anno 1489 vor, LA Sp F 2 Nr.35b. Eine Übertragung sehen Sie auf www.alsterweiler.matthiasdreyer.de*

[48] *Ob dieser Pfaffenweg sich bis direkt an Oberwiesenmühle reichte, muss hier offen bleiben. Jedenfalls wird in der Katasterkarte von 1839 ein Abschnitt bei der Oberwiesenmühle „Pfaffenweg" bezeichnet. Unter Annahme der Fußnote 47 wird die Bedeutung des Weges wohl in der Zuordnung des Patronatrechts der katholischen Kirche in Maikammer an das Kloster Heilsbruck zu suchen sein. Dies geschah bereits im Jahre 1265. Sehen Sie dazu: Doll, Anton L. (Hg.) (1988): Palatia Sacra. Teil 1 Bistum Speyer. Band 4 Landdekanat Weyher. Doll, Ludwig Anton. Unter Mitarbeit von Volker Rödel. Gesellschaft für Mittelrheinische Kirchengeschichte. Mainz: Selbstverlag der Gesellschaft für mittelrheinische Kirchengeschichte e.V. (PALATIA SACRA Kirchen- und Pfründebeschreibung der Pfalz in vorreformatorischer Zeit, Teil 1 Bistum Speyer, Band 4 Der Landdekanat Weyher) Seite 115ff. Im Folgenden als Doll (1988) angegeben.*

[49] *Wittmer (2000), Seite 87.*

[50] *Zu den Glockensteinen, Sehen Sie: Leonhardt (1928) und Wittmer (2000) sowie Wittmer, Richard (2001): Glockenstein und Trullo, Maikammerer steinerne Raritäten. Landkreis Südliche Weinstraße. In: Landkreis Südliche Weinstraße (Hg.): Heimat-Jahrbuch 2002 für den Landkreis Südliche Weinstraße. Steinerne Zeugen, Bd. 24. 1. Auflage. Otterbach: Arbogast (Heimat-Jahrbuch Südliche Weinstraße, 24. Jahrgang), S. 105–106. Weiter dazu an gleicher Stelle: „Von den zahlreichen Grenzsteinen hebt sich der heute im Ortszentrum stehende Glockenstein hervor. Er ist einer der Grenzsteine, die im Mittelalter das Gelände eingrenzten, aus dem der „Glockenzehnt" entrichtet wurde. In Maikammer waren dies 80 Morgen Land, teils Äcker und Wiesen (in der Gewanne „in den Dieterwiesen"), zum größten Teil Weinberge (in der Gewanne „im Überfeld"). Man bezeichnete diese in Richtung Edenkoben liegenden Weinberge als „Tochtermannswingert". Früher bekamen nämlich die Söhne bei der Erbteilung die*

Das Überfeld war bedfrei[51]. Der Namen setzt sich aus der Ortsangabe „über", also oberhalb, jenseits einer anderen Lage zusammen, hier vielleicht auch oberhalb des Kropsbaches und „feld", also einem Feld, einem Acker oder einer freien Fläche.

Es ist etwas unklar, warum die Überschrift zu den Einnahmen für das Überfeld auf einer Seite steht, die nicht weiter beschriftet ist. Anzunehmen ist, daß die ersten Eintragungen auf f. 2ʳ zu dieser Rubrik zu zählen sind. Dort werden folgende Angaben gemacht:

Die Gemeinde erhält von Hans HAUCK 2 Groschen für zwei steinerne Torsäulen. Diese müssen im Überfeld gestanden haben, vielleicht ein Zugang. Das Überfeld war bis längstens zum Jahre 1578 Allmende der Dörfer Sankt Martin, Diedesfeld[52] und Maikammer[53]. Der Verkauf der Torsäulen könnte auf eine Vorbereitung der Auflösung der Allmende bereits im Zeitraum um 1572 hindeuten.

Der nächste Eintrag befasst sich mit der Abgabe von zwei Karren (Kerch) Wolle. Der Hintergrund dieses Eintrages muss offen bleiben. Denkbar ist die Wolle von Schafen im Gemeindeeigentum, die auf der Allmende weideten. Ihre Wolle wurde an einen nicht genannten Bürger[54] (möglicherweise ebenfalls der zuvor genannte

---

besseren und dem Ort näher liegenden Weinberge und die Töchter die weiter weg liegenden und schlechteren." Heute sind drei Glockensteine bekannt.

[51] *Leonhardt (1928), Seite 137. Leonhardt schreibt: „Das Überfeld war bedfrei, weil es in der Gemeindegült lag.".*

[52] *Inwieweit die Gemeinde Diedesfeld tatsächlich an dem Allmendland beteiligt war, scheint fraglich. Das Gelände liegt im Süden von Maikammer und stößt an das Gebiet von Edenkoben. Die Kirchenjuraten von Diedesfeld sollen, nach Ziegler (1970) der Auflösung zugestimmt haben. Eine Erklärung könnte die „Ausscheidung" des Geländes aus dem Gebiet der Haingeraide sein. An der V. Haingeraide war neben Maikammer-Alsterweiler, Sankt Martin, Kirrweiler eben auch Diedesfeld beteiligt.*

[53] *Wittmer (2000), Seite 86, nach Ziegler (1970).*

[54] *Die Einnahmen stammen in der Regel von einem Einwohner. An dieser Stelle wird kein Name erwähnt. Der Eintrag bezieht sich wohl auf den vorgehend genannten Hans Hauck.*

Hans Hauck) abgegeben, der sie weiterverarbeitete oder verkaufte (Weber). Für die Wolle nahm die Gemeinde einen halben Groschen ein.

Weiter geht es mit Geld, das die Gemeinde von Thomas (Thoman) MÜLLER erhielt. Er zahlte für das „gemeine Obst". Offensichtlich hatte er sich das Recht erkauft, vom Überfeld das gesamte oder einen Teil des Obstes zu ernten. Daraus werden mehrere Nutzungsformen der Allmende ersichtlich. Es handelte sich um Wiesennutzungen (Schafe, Ziegen) und um Obstbestände (Streuobstwiesen). MÜLLER gab 7 Groschen.

Wendel FUNCK wiederum musste 25 1/2 Groschen abgeben für die Maien Kesten. Die Maien Kesten sind Geldkisten, die zur Aufbewahrung von Bargeld üblich waren. Sie standen im Gemeindehaus (Rathaus)[55]. Wendel FUNCK hatte die Maienbede[56] erhoben[57] bzw. eingesammelt. Die Maienbede war eine Abgabe, die jeder Bürger (sehen Sie dazu: Bürgerrecht) in Maikammer und Alsterweiler zu zahlen hatte. Fällig wurde sie im Monat Mai. Nach der Sammlung wurde das Geld an Hans OBENDRUFF übergeben und entsprechend als Einnahme für die Gemeindekasse bzw. die Maienkisten verbucht und dort verwahrt.

---

[55] *Der Standort des hier erwähnten Rathauses ist nicht klar. Möglicherweise stand das Gemeindehaus „Ecke Brunnengasse-Weinstraße" (Ziegler, Urban, In: Leonhardt; Damm; Treptow (1986), Seite 635, wohl vor 1600. Ein Rathaus wird auch mehrmals am Kirchplatz und am Lindenplatz erwähnt).*

[56] *Im Frühjahr, i.d.R. im Mai, fällige Bede, sehen Sie dazu: Deutsche Rechtswörterbuch, (im Folgenden DRW), IX Sp. 27-28, es handelte sich um eine Abgabe, auch Maienbürgerzins genannt.*

[57] *„Die hiesige Gemeinde hatte im Mai 6 fl. Maibed-, im Herbst 76 fl. 54 Kreuzer 2 Pfennig Herbstbedgeld zu zahlen. Dazu kamen 1/2 fl. Atzgeld, 7 fl. Rindfleischgeld und 3 fl. Schenkgeld. '") "... "In dicken Büchern [Bedbücher] waren die Namen sämtlicher Besitzer mit ihren bedpflichtigen Gütern verzeichnet. Sie wurden von Zeit zu Zeit vom Oberamtmann oder Fauth mit Schultheiß und Gericht, Bürgermeistern, Steinsetzern und Bedlegern neu angelegt;". Leonhardt (1928), Seite 137.*

BÜRGERRECHT

Etwa in der Mitte des Blattes steht die Überschrift „Burgerecht". Im Jahre 1572 zahlten folgende acht Personen das Bürgergeld, das sich auf zwei Gulden belief:

Haupricht KUSTER, Cyriacus SCHWARTZ, Johannes STIEL, Steffen SCHWARTZ (der Sohn von Hans SCHWARTZ), Hans GROß, Wendel FUNCK, Theobald SCHWARTZ, Phillip UNRUCH.

Der Zahlungsvermerk ist in lb = libra angegeben. Das entsprach einem Pfund und ein Pfund Pfennig (lb d) entsprach einem Gulden[58]. Somit waren für die Erlangung des Bürgerrechts zwei Gulden zu entrichten.

Ein Gulden hatte damals den Gegenwert von etwa 173 Euro, heute einen Wert von umgerechnet 519 €[59]. Nach Zahlung der Gebühr durfte sich der Einwohner „Gemeinsmann[60]" nennen. Die Verleihung des Bürgerrechtes war eine Handlung mit Rechtsfolgen[61] [62] und dafür musste das „Anzugs- oder Einzugsgeld"[63] [64] gezahlt

---

[58] *Leonhardt (1928), Seite 205.*

[59] *Diese Angaben sind mit äußerster Vorsicht zu genießen, sollen aber eine Einschätzung des heutigen Wertes vermitteln.*

[60] *Vollberechtigter Angehöriger der Gemeinde, Sehen Sie dazu: Pfälzisches Wörterbuch (im Folgenden PfWb), Bd. 3, Sp. 189, Z. 9.*

[61] *Leonhardt; Damm; Treptow (1986), Seite 66: „Eine ganze Reihe von Verordnungen von 1690-1790 verbot fremden Kriegsdienst. Wer ohne Erlaubnis in einen solchen trat, ging seines Vermögens und des Bürgerrechts verlustig und wurde aus dem Orte verwiesen. ".*

[62] *Leonhardt; Damm; Treptow (1986), Seite 178: „Wer außerhalb der Gemeinde zog, aber sein Bürgerrecht nicht aufgeben wollte, zahlte jährlich 1 fl. ".*

[63] *„Anzugsgeld", Meyers Großes Konversationslexikon (6. Auflage, 1905–1909), digitalisierte Fassung im Wörterbuchnetz des Trier Center for Digital Humanities, Version 01/23, <https://www.woerter-buchnetz.de/Meyers?lemid=A05811>, abgerufen am 20.07.2023.*

[64] *Leonhardt; Damm; Treptow (1986), Seite 71: „Der Gemeinderat wurde darum vorsichtiger bei der Aufnahme neuer Bürger. Er beschloß darum am 17. Januar 1823 [...] 3. daß jeder Inländer[,] welcher das Bürgerrecht dahier nach-sucht und verlangt, gehalten sein soll, außer der ordnungsmäßigen 10 fl.*

werden[65] [66]. Die Bürger hatten nicht nur Steuern und Abgaben zu entrichten. Sie hatten auch das Recht, wichtige Ämter in der Gemeinde zu begleiten. So wurde das Gemeindegericht (Sechser) aus diesem Personenkreis ernannt. Auch die Funktionen in der Gemeinde, wie Steinsetzer, Bedleger oder Schütz wurden in der Regel durch Gemeinsmänner besetzt[67].

Bürgereinzugsgeld auch noch 40 fl. für den Genuß des Waldes zu bezahlen und der Ausländer das doppelte dieser Gebühren, 4. daß diese Gebühren geleistet werden müssen, ehe der Einzug in die Gemeinde gestattet sei.".

[65] *Leonhardt; Damm; Treptow (1986), Seite 328: „Für Maikammer ist es ein großer Glücksfall, daß das erste Kirchenbuch je eine Bürgerliste aus dem Jahre 1602 von Maikammer und Alsterweiler enthält. Unter dem Titel „Verzeichnuß aller ietzigen Vndt nachkünfftig gemaindtsmänner Item Weibern, Witiben Vndt Kinderen sampt ihren quo ad religionem, qualiteten zuo Meycairier Vndt Alsterweiler. Angefang A° 1602." Es ist demnach ein Verzeichnis der jetzigen und späteren Bürger, ihrer Frauen, Witwen und Kinder und deren Religion. Es ist kein Einwohnerverzeichnis, da es nur die Männer mit Bürgerrecht nennt und auch die Namen der Frauen und Kinder nur spärlich verzeichnet sind. Das große Heer der Menschen ohne Bürgerrecht ist nicht aufgeführt; es läßt sich nur aus Familiennamen erahnen, die zu gleicher Zeit im Kirchenbuch erscheinen, ohne in der Liste genannt zu werden.".*

[66] *Eine Abgabe, die von Fremden, die sich in einer Gemeinde niederlassen wollten, für Aufnahme und Erwerb des Bürgerrechts an die Gemeinde zu zahlen war (Quelle, Fußnote 63).*

[67] *Sehen Sie dazu: PfWb, Bd. 3, Sp. 189, Z. 9.*

EINNAHMEN BROTEINUNG

Nach den Einnahmen zur Erlangung des Bürgerrechts folgen die Einnahmen zur Einigung über Vergehen beim Brot. Im Zusammenhang mit Brot und Fleisch waren Fehlleistungen an der Tagesordnung[68]. Auf Folio 3[r] werden „*brodteynung*" und „*weckeynung*" zusammengefasst.

Der erste Eintrag bezieht sich auf den MÜLLER der Obermühle mit Namen MATTHEIS. Er wird als „*Mattheis der obermuller*" bezeichnet. Demnach wurde die Oberwiesenmühle[69] im Jahre 1572 vom Müller MATTHEIS betrieben. Da der Müller selbst kein Brot herstellte, bezieht sich die Strafe wohl auf Mehl, das zum Ausbacken von Brot benutzt werden sollte. Es war üblich, daß dem Müller für das Mahlen des Getreides eine Entlohnung zustand. Diese konnte in Naturalien, also Mehl oder aber in Geld entrichtet werden. Für die Verfehlung musste Mattheis 7 und ein halb ß d Schilling Pfennige entrichten.

Der nächste Eintrag, der von einem Hans FRÜTZ („*Hans Frutzen*") handelt, spricht ebenfalls von einer Broteinigung. Hans FRÜTZ war wohl Bäcker. Die Dorfordnung

---

[68]　*Weingart, Johannes (2022): Die Rechnungen der Stadt Neustadt an der Haardt von den Anfängen bis zur Zeit nach dem Bauernkrieg 1383-1528: zwanzig Beiträge: erschienen in der Tageszeitung „Die Rheinpfalz" (Ausgabe Mittelhaardter Rundschau) vom 27. November 2021 bis zum 12. Februar 2022. Neustadt an der Weinstraße: [Johannes Weingart]. Sehen Sie auch: Weingart, Johannes (2021), Die Rechnungen der Stadt Neustadt an der Haardt von den Anfängen bis zur Zeit nach dem Bauernkrieg 1383-1528. Neustadt an der Weinstraße: Selbstverlag der Stiftung zur Förderung der Pfälzischen Geschichtsforschung, Sehen Sie auch: Weingart, Johannes und Karl Josef Zimmermann (2020), Das Rote Buch der Stadt Neustadt an der Haardt. Neustadt an der Weinstraße: Selbstverlag der Stiftung zur Förderung der pfälzischen Geschichtsforschung.*

[69]　*„Eine Mühle oberhalb Maikammer am Bach wird schon 1397 erwähnt. Diese hatte 1 Fuder Wein und 8 Malter Korn als Kestenburger Lehen von 1397 an den edlen Gerhard v. Nieppurg zu geben. Die Obermühle, auch Oberwiesenmühle genannt, gehörte zur Zeit des Dreißigjährigen Krieges Andreas Kannacher, dem Besitzer der Kredenburg.", Leonhardt (1928), Seite 111.*

des Jahres 1549 nennt auch die Tätigkeit des Unterkäufers. Neben dem Beruf des Bäckers gab es also auch Verkäufer von Backwaren (Händler). Sie wurden für ähnliche Verfehlungen, wie die Bäcker bestraft. In der Dorfordnung von 1549 gibt es drei Artikel zu Brot- und Weckeinungen. Betroffen davon waren die Bäcker und die Unterkäufer. Die zu zahlenden Strafen werden im Artikel 34 mit 3 Schilling Pfennige, in Artikel 35 mit 18 Pfennigen und im Artikel 36 mit 2 Schilling Pfennige angegeben.

Dazu heißt es im Einzelnen:

Artikel 34: „*Item welicher becker eyn eynunge mit wecken oder brott bricht, derselb sol ungebetten drey schilling pfening zu eynunge geben, so oft und dick daß brott oder der weck zu clein gefunden wurd und sein gewicht nit hatt.*"

Artikel 35: „*Item wa ein underkaufer mit brott oder wecken gefunden wurd, so das gewicht nit haben, so sol derselbig underkaufer ungebetten und unnachleßlich 18 d zu eynunge zu geben schuldigk sein, so oft und dick sollichergleichen geschicht.*"

Artikel 36: „*Item es soll ein jeder becker oder underkaufer an eynem sonntag und feyertagk für 2 ß d weck und brott vor der kirchen feyl haben, und so einer daran seumigk, derselb sol unnachleßlich 2 ß d fur eynunge verprochen haben, so oft und dick das beschicht.*"[70].

Jedenfalls musste Hans FRÜTZ sieben und einen halben Schilling Pfennige zahlen. Bei einer Annahme von 12 Pfennigen für einen Schilling kommen damit 90 Pfen-

---

[70] *Übertragung des Originaltextes der Dorfordnung 1549, Artikel 36. Sehen Sie dazu: https://alsterweiler. matthiasdreyer.de/index.php?title=Broteinung, abgerufen am 30. Juni 2023.*

nige zusammen. Bei einer Strafe von 18 Pfennigen entstehen daraus fünf Verfehlungen des Artikels 35. Hans FRÜTZ wurde demnach fünfmal beim Verkauf von Brot oder Wecken erwischt, die nicht das erforderliche Gewicht hatten. Zudem lässt sich daraus schließen, daß Hans FRÜTZ nicht Bäcker war, sondern Verkäufer.

Es folgen die Weckeinungen. MATTHEIS und FRÜTZ mussten für ein Vergehen 7 und einen halben Schilling zahlen. Die Strafzahlungen sind in der Aufstellung von 1572 auch mit der Häufigkeit des Vergehens angegeben. Daraus lässt sich folgendes ermitteln:

I weckeinung = II ß d

II weckeinung(en) = IIII ß d

Damit lässt sich eine Weckeinung als straffälliger Vorgang auf 2 Schilling Pfennige festlegen. Dies entspricht exakt den Angaben der Dorfordnung.

Demnach dürfte es sich bei Johannes GÜNTHER (*Hans GUNTER*), Hans BRUCKHER, Nikolaus WEINMEYHER, Jacob FALLINGGRABEN, Cunradt MERß und Christmann KUHN ebenfalls um Bäcker oder um die erwähnten Unterkäufer handeln. Die Vergehen jedenfalls sollten das Versäumnis des Verkaufes vor der Kirche betreffen (Artikel 36).

Auffallend hoch sind die Strafen für Melchior MÜLLER, nämlich 1 Dukaten / Gulden (Florentiner) , 1 Gulden (Goldgulden) und 2 ein halb Schilling Pfennige. Interessanterweise bezahlt der bereits für eine Weckeinung bestrafte Nikolaus WEINMEYHER das Strafgeld für Melchior MÜLLER. Eine derart hohe Einung kommt in der gesamten Aufstellung nur an dieser Stelle vor.

EINUNG PHILLIP NEBLING

Für die Aufsicht in der Gemeinde und im Feld waren die Schützen, Feldschützen und Jahresschützen zuständig. Mit derartigen Funktionen sind die folgenden Namen verbunden:

Phillip NEBLING, Hans JEGER, Hans FUNK (Sohn des Nikolaus Funk), Jakob SCHUSTER (Jahrschütze[71]), Hans GUNTER (wohl auch Jahrschütze oder Helfer des Jakob Schuster).

Phillip NEBLING stellte folgende Vergehen fest und bezog die Einung. Der Gaul von Hans KLEIN war in Hutstocks Garten, in Veltin Obendruffs Wiese und wurde zudem bei der Mühle gefunden. Diese drei Vergehen (III Einung) beliefen sich auf zwei Schillinge und 3 Pfennige.

Im nächsten Eintrag hatte der Knecht von Hans KLEIN Trauben gegessen im Weinschwer, was der Gewanne Weinsper (sehen Sie dazu: Fußnote 40) entspricht. Es mussten dafür 9 Pfennige bezahlt werden.

Der Knecht von Bernhard BESTIAN (BESTEN) wurde in HUTSTOCKS Garten aufgefunden, was ebenfalls 9 Pfennig kostete.

Die Hühner des AFFENSTEIN, dem Müller wurden in Steffan BECKERS Wingert aufgefunden, was mit 1 Schilling Pfennig veranschlagt wurde.

---

[71] *Der Jahrschütze wird bei Leonhardt erwähnt. Leonhardt; Damm; Treptow (1986), Seite 177.*

Johannes PRESSLERS zwei Hunde hielten sich im Kreutz auf, so daß 4 Pfennig zu zahlen waren. Die Gewanne Kreuz liegt östlich des Eulbuschs.

Johannes PRESSLER war wohl Metzger (gemelter Metzelers). Seine Schweine (Sauen) wurden am Nußbaum von HERTELS Frau (Ehemann war wohl schon verstorben) gefunden. Dieses Vergehen wurde mit 3 Schilling Pfennige geahndet.

Um den Diebstahl von Nüssen geht es beim Knecht des Phillip KELLER. Er hatte Nüsse abgeworfen. Dies wurde mit 9 Pfennigen geahndet.

Wiederum ein Knecht, nämlich der des Cyriacus SCHWARTZ hat Trauben gegessen. Es waren 9 Pfennige fällig.

Die Hühner (hinger) von Stoffel MÜLLER waren im Wingert von Steffen MÜLLER, was 2 Schilling Pfennige kostete.

Der Hund von Hans MATHIS, dem Obermüller war im Wingert von Hans JEGER, was 3 Schilling Pfennige kostete.

Es folgt ein Eintrag zu Jacob ORTTEN, dessen Magd in der Oberwiese des Hans HANSEN war, 1 Schilling 6 Pfennige sowie Hans SCHWARTZ, der in der Obergasse wohnte, zahlte 9 Pfennige. Seine Magd wurde in der Oberwiese des Hans HANSEN aufgefunden.

Der Eintrag auf Folio 5^r ist noch zu den vorherigen Einungen zu zählen. Das Kalb des Hans RÖSSER wurde im Wingert von Christmann KEIM aufgefunden, was 5 ½ Pfennige kostete.

Damit sind die Eintragungen von Phillip NEBLING abgeschlossen (13 Einträge). Es folgen die Einigungen von Hans JEGER.

EINUNG HANS JEGER

Die Ehefrau von Nikolaus WEINMEYHER hatte Trauben gegessen, was mit 9 Pfennigen geahndet wurde.

Der Knecht von Hans MÜLLER hatte Nüsse aufgelesen unter dem Baum der Witwe von Niklaus STURM. Dafür mussten ebenfalls 9 Pfennige gezahlt werden.

Die Hühner des OBERMÜLLERS waren im Wingert von Hans SCHWAB. Bestraft wurde das Vergehen mit 2 Schilling Pfennige. Das Gleiche gilt für die Hühner des Peter CUNRADT, die sich im Wingert von Hans SCHWARZ tummelten. Gleich drei Mal wurden die Hühner des Wendell HEYNFELDER im Wingert (vermutlich ebenfalls von Hans Schwarz) gefunden, was 3 Mal 2 Schilling Pfennige machte, also 6 Schilling Pfennige.

Die Tochter des Veltin OBENDRUFF wurde auf dem Acker des Hans HANSEN angetroffen. Der Acker lag im großen Oberwasen. Dafür musste OBENDRUFF 9 Pfennige entrichten. Das gleiche galt für die Magd des Caspar GESSNER, der ebenfalls 9 Pfennige zu entrichten hatte. Und außerdem trieb sich dort die Ziege (Geis) des OBERMÜLLERS herum, was ebenfalls 9 Pfennige kostete. Auch die Hühner des Müllers AFFENSTEIN wurden dort aufgefunden. Die Kosten dafür betrugen 2 Schilling Pfennige.

Der Hund des Matthäus SCHWENK wurde im Wingert von HUDTSTOCK aufgefunden. Dafür waren 3 Schilling 9 Pfennige fällig.

Die Aufstellung endet mit dem Gaul des Hans KLEIN, der in Hans ERHARDS Korn gefunden wurde. Dafür musste KLEIN 9 Pfennige zahlen.

Damit sind die Eintragungen von Hans JEGER abgeschlossen (11 Einträge). Es folgen die Einigungen von Hans FUNK.

EINUNG HANS FUNK (SOHN DES NIKOLAUS FUNK)

Zwei Knechte des Matthes DEUTSCH haben in der Allmende Nüsse abgeworfen. DEUTSCH musste dafür 1 Schilling und 6 Pfennige zahlen.

Der Knecht des Hans MÜLLER hat im Garten von FRIEDRICHS Witwe Trauben gegessen. Die Strafe belief sich auf 9 Pfennige.

Der Knecht von Jörg SCHMIDT (Georg SCHNEIDER) hat Nüsse in der Allmende aufgelesen, was ebenfalls 9 Pfennige kostete.

Die Hühner des OBERMÜLLERS wurden im Wingert von Stefan WEBER angetroffen. Die Strafe belief sich auf 2 Schilling Pfennige.

Der Knecht von Cyriacus SCHWARTZ hat in einem Wingert in der Heidgasse Trauben verzehrt. SCHWARTZ musste 9 Pfennige zahlen.

Die Hühner des Jakob HEYMEL wurden zweimal in anderen Wingerten aufgefunden. Er musste dafür 4 Schilling Pfennige zahlen.

Auch die Hühner des Hans STEYNHEYMER wurden im Wingert aufgefunden, was sich mit 2 Pfennigen niederschlug.

Der Knecht von Hans FROMM hat Trauben im Wingert des Jakob HEYMEL gegessen. Dafür waren 9 Pfennige zu zahlen.

Der Hund von Hans SCHUSTER trieb sich im Wingert von Hans SCHWENK herum. SCHUSTER musste 3 Schilling 9 Pfennige zahlen.

Der Knecht von Veltin PLATZ hat im Wingert von Wendel HEYNFELD Trauben gegessen. Die Strafe betrug 9 Pfennige.

Drei Kälber (selbst gezüchtete – zügsen) des Metzgers wurden aufgefunden, vermutlich in den Wiesen, wie auch im darauffolgenden Eintrag. Der Metzger musste 2 Schilling 3 Pfennige zahlen.

IIans RÖSSERS Kalb ist in den Wiesen gefunden worden. Die Kosten betrugen 9 Pfennige.

Haupricht KESTER hat Trauben in der Gewanne Auf der Heyden gegessen. Dies wurde mit 9 Pfennigen bestraft.

Den gleichen Betrag, nämlich 9 Pfennige, hatte Hans BARCHEN zu zahlen. Sein Gaul wurde im Kraut des Thomas POSSEN gefunden.

Die Ehefrau von Hans SCHWAB hat im Wingert von BÖSHABENS Kindern Trauben gegessen. Nicht ganz passend endet der Eintrag mit „funden worden". Zu zahlen waren 7 ½ Schilling Pfennige.

Der Knecht des SCHEFFERS (Schäfer) ist im Wingert von ODENWÄLDER aufgefunden worden. Die Strafe betrug 9 Pfennige.

Auch die Ziegen des Schäfers befanden sich auf fremdem Gelände. Er musste dafür 7 ½ Schilling Pfennige entrichten. So auch Hans KLEIN für seine Hühner, 2 Schilling Pfennige und ein Zuchtpferd 9 Pfennige.

Schließlich wurde das Pferd von Hans RÖSSER in Hans HUTSTOCKS Saatfeld gefunden, was mit 7 ½ Schilling Pfennige bestraft wurde. Das Vergehen geschah in der Nacht. Der Eintrag besagt: „*ein nacht einung*".

Auch der Gaul von Hans BARCHEN trieb sich nachts auf anderen Feldern herum, diesmal im Kraut von Hans HEYNFELDER. So musste BARCHEN für eine „*nacht einung*" 7 ½ Schilling Pfennige zahlen.

Das Pferd von Hans STERR wurde im Saatfeld von Hans ERHARDT gefunden. 9 Pfennige waren zu entrichten.

Und schließlich waren auch die Kühe des Anstet OBENDRUFF auf anderem Gelände unterwegs (vielleicht auch im o.g. Saatfeld). Es waren ebenfalls 9 Pfennige zu zahlen.

Damit sind die Eintragungen von Hans FUNK abgeschlossen (21 Einträge). Es folgen die Einigungen von Jacob SCHUSTER.

EINUNG JACOB SCHUSTER DES JAHRSCHÜTZEN

Der Knecht von Conrad MERß hat Weiden abgeschnitten. Dafür waren 9 Pfennige zu entrichten.

HANS GÜNTER DER JUNG[72]

Das Pferd des Hans STERREN ist auf dem Acker des HUTSTOCK gefunden worden. Es handelte sich um ein Vergehen bei Nacht, 7 ½ (ohne Währungsangabe) waren fällig. Nochmals war ein Pferd des „*gemelten*", also des bereits oben erwähnten Hans STERR, aufgefunden worden, diesmal auf den Wiesen an der Spreißelgasse.

Erneut war ein Pferd des Nachts unterwegs. Der Gaul von Hans BARCHEN löste eine Nachteinung aus, 7 ½ Schilling Pfennige.

Eine weitere Nachteinung wurde gegen Hans KLEIN erlassen. Sein Gaul befand sich auf den Wiesen der Spreißelgasse. Es waren ebenfalls 7 ½ Schilling Pfennige zu zahlen.

Die Kuh des SCHÄFERS wurde im Wingert des SCHULTHEIßEN aufgefunden. 9 Pfennige waren zu entrichten.

Erneut wurde eine Kuh aufgefunden. Es war das Tier des OBERMÜLLERS, das beim oder in der Heden[73] angetroffen wurde. Es waren 9 Pfennige fällig. Schließlich

---

[72] *Hans Günter war wohl ein Helfer des Jahrschützen.*
[73] *Es handelt sich um die Flurlage „Auf der Heide", „uff de Hääd". Sehen Sie dazu: Wittmer (2000), Seite 40f. „Der Heidenweg war eine Römerstraße.", erste Erwähnung bereits um 1465-70 gemäß dem PfälzFlnA, ebenda. Zweifelsohne bezog sich die Namensgebung auf „Heide" und Ödland. Inwieweit*

wurde der Gaul von Hans HANSEN im Wingert von Matthis SCHWENK gefunden, Strafe 9 Pfennige.

Damit sind die Eintragungen von Hans GÜNTER abgeschlossen (7 Einträge). Die Aufstellung endet hier.

AUSWERTUNG

Personen und Familiennamen lassen sich über das Ortsfamilienbuch[74] und insbesondere über die Einwohnerlisten des Hochstifts Speyer und der Bürgerlisten für Maikammer und Alsterweiler der Jahre 1470, 1495, 1530 und 1602 erschließen. In der folgenden Tabelle sind alle Namen der Einnahmen Aufstellung von 1572 und der Einwohnerlisten erfasst und kommentiert.

Tabelle Namen

Nr.	Name 1572	Bereinigt	1470	1495	1530	1602	OFB[75]	Anmerk.
1	Affenstein	Affenstein	Nein.	Nein.	Nein.	Nein.	Nein.	Familienname in Kirrweiler belegt.
2	Hans Barchen	Barchen	Nein.	Nein.	Nein.	Ja, nur Familienname.	Ja, <201/203>.	Johannes Barchen, Erbauer Marktstraße Nr.17 in Maikammer.
3	Steffan Becker	Becker	Nein.	Ja.	Ja.	Ja.	Ja, <343>.	./.

---

dieses Land dem „kleinen Mann" zur Nutzung bereitstand, wie Wittmer (2000), Seite 41 annimmt, ist zweifelhaft. Zumindest wurde im Jahre 1572 das Grasen einer Kuh bestraft.

[74] *Schäfer/Stöckl (2015).*

[75] *Angaben nur nach den Familiennamen und soweit Personen in der Zeit um 1550 bis 1600 nachgewiesen sind.*

Nr.	Name 1572	Bereinigt	1470	1495	1530	1602	OFB[75]	Anmerk.
4	Bestian (Besten) Bernhart	Besten	Nein.	Nein.	Ja.	Nein.	Ja, <432>.	Vielleicht Familienname Besten.
5	Boshaben(s) (Kind)	Boshaben	Nein.	Nein.	Nein.	Ja.	Ja, <591>.	Familienname Boßhaben.
6	Hans Brückler	Bruckher	Nein.	Nein.	Nein.	Nein.	Ja, <751>.	Familienname Bruckher.
7	Petter Cunradt	Cunradt	Nein.	Nein.	Nein.	Nein.	Ja, <894>.	Familienname Conradi.
8	Matheis obermüller	Der Müller an der Oberen Mühle oder Obermüller.	Nein.	Nein.	Nein.	Nein.	./.	Kein Nachname, sondern eine Funktion, nämlich Müller der Obermühle.
9	Matthes Deutsch	Deutsch	Nein.	Nein.	Nein.	Ja.	Ja, <1355>.	./.
10	Hans Erhard	Erhard	Ja.	Ja.	Nein.	Nein.	Ja. <1406>.	1495, 1530 nur als Vorname.
11	Jacob Fallinggraben	Fallingraben	Nein.	Nein.	Nein.	Nein.	Ja, <1502>.	Im Bedbuch I erwähnt.
12	Früderichs Witwe	Friedrich.	Nein.	Nein.	Nein.	Nein.	./.	./.
13	Hans Frumen	Frumen	Nein.	Nein.	Nein.	Nein.	./.	./.
14	Hans Frutz	Frutz	Nein.	Nein.	Nein.	Nein.	./.	./.
15	Wendell Funck	Funck	Nein.	Ja.	Ja.	Ja.	Ja, <1775>.	./.
16	Caspar Gessner	Gessner	Nein.	Nein.	Nein.	Nein.	Ja, <1958>.	./.
17	Hans Groß	Groß	Ja.	Ja.	Ja.	Ja.	Ja, <2088>.	./.
18	Hans Ginter	Gunter	Ja.	Ja.	Ja.	Ja.	Ja, <2178> oder <2181>	Schreibweise: Gunt(h)er (1470, 1495). Guntter (1530)
19	Hans Hansen	Hansen	Nein.	Nein.	Ja.	Nein.	Ev. <2271>.	./.
20	Hans Hauck	Hauck	Ja.	Ja.	Ja.	Ja.	Ja, <2331>.	Schreibweise: Hugk (1470), Hug (1495), Haugk (1530).
21	Hauptricht Kester	Haup./Kester	Nein.	Nein.	Nein.	Nein.	./.	Ev. Haupricht, der Küster.

Nr.	Name 1572	Bereinigt	1470	1495	1530	1602	OFB[75]	Anmerk.
22	Hertels Frau	Herdel	Ja.	Ja.	Ja.	Ja.	Ja, Herdel, <2501>	Familienname Herdel erstmals um 1600 urkundlich erwähnt.
23	Jacob Heymel	Heymel	Nein.	Ja.		Ja.	Ja, Heimel, <2434>	Schreibweise: Heimen (1495), Heyll (1530).
24	Wendell Heynfelder	Heynfelder	Nein.	Ja.	Ja.	Ja.	Ja, Heinfelder <2443>	Schreibweise: Heinfelder (1495).
25	Hans Heynfelder	Heynfelder	Nein.	Ja.	Ja.	Ja.	Wie oben.	Schreibweise: Heinfelder.
26	Hans Hudstuck	Hudstock	Nein.	Nein.	Nein.	Nein.	./.	./.
27	Hans Jeger	Jeger	Nein.	Nein.	Nein.	Nein.	./.	Vermutlich Hans, der Jäger.
28	Christmann Keim	Keim	Nein.	Nein.	Nein.	Nein.	Ja, aus Kirrweiler stammend, dort Eintrag <1781>.	./.
29	Phillip Keller	Keller	Nein.	Nein.	Nein.	Ja.	Ja, <3098>	./.
30	Hans Klein	Klein	Nein.	Nein.	Nein.	Nein.	Ja, <3160>.	./.
31	Christmann Kuhn	Kuhn	Nein.	Nein.	Nein.	Nein.	Ja, <3420>.	./.
32	Cunradt Mersen	Mörs	Ja.	Ja.	Ja.	Nein.	./.	Schreibweise: Mörs (1530), Merß.
33	Thoman Müller	Müller	Ja.	Ja.	Ja.	Nein.	Ja, <4068> ff.	Schreibweise: Muller, verm. aus Alsterweiler
34	Melicher Muller	Müller	Ja.	Ja.	Ja.	Ja.	Ja, <4068> ff.	./.
35	Steffen Müller	Müller	Ja.	Ja.	Ja.	Ja.	Ja, <4068> ff.	./.
36	Stoffel Müller	Müller	Ja.	Ja.	Ja.	Ja.	Ja, <4068> ff.	./.
37	Phillip Nebling	Nybeling	Ja.	Nein.	Ja.	Ja.	Ja, <4247>.	Schreibweise: Nybeling.
38	Hans Obendruff, der alt	Obendruff	Nein.	Nein.	Ja.	Ja.	Ja, <4448>.	./.

Nr.	Name 1572	Bereinigt	1470	1495	1530	1602	OFB[75]	Anmerk.
39	Veltin Obendruff	Obendruff	Nein.	Nein.	Ja.	Nein.	Ja, <4449>.	./.
40	Veltin Obendruff Tochter	Obendruff	Nein.	Nein.	Ja.	Nein.	./.	./.
41	Anstet Obendruff	Obendruff	Nein.	Nein.	Ja.	Nein.	./.	./.
42	Hans Obermüller	Obermüller	Nein.	Nein.	Nein.	Nein.	./.	Funktion des Müllers in der Oberen Mühle.
43	(Obermüller)	Obermüller	Nein.	Nein.	Nein.	Nein.	./.	Funktion des Müllers an der Oberen Mühle.
44	Odwelder	Odwelder	Nein.	Nein.	Nein.	Nein.	./.	Vermutlich Herkunftsort „Odenwald".
45	Jacob Ort	Orth	Ja.	Ja.	Nein.	Nein.	Ja, <4484>, Jacob Orth.	./.
46	Veltin Platz	Platz	Nein.	Nein.	Ja.	Ja.	Ja, <4628>.	./.
47	Thomas Posen	Posen	Nein.	Nein.	Nein.	Ja.	Ja, Possen <4788>.	./.
48	Hans Pressler	Pressler	Nein.	Nein.	Nein.	Ja.	Ja, <4795>.	Der Name erscheint in den 60er Jahren des 16. Jdt.
49	Hans Resser	Rösser	Nein.	Nein.	Nein.	Nein.	Ja, <5116>.	Kam von Gleisweiler. Hans Rösser, Erbauer der Marktstraße Nr.5 in Maikammer.
50	Scheffers Bub	Scheffer	Ja.	Ja.	Ja.	Nein.	./.	./.
51	Jerg Schmidt	Schmidt	Nein.	Nein.	Nein.	Ja.	Ja, <5591>.	Schreibweise: Schmidt oder Schmitt.
52	Hans Schuster	Schuster	Ja.	Nein.	Nein.	Ja.	Ja, <5803>.	./.
53	Jacob Schuster	Schuster	Ja.	Nein.	Nein.	Ja.	Ja, <5803>.	./.
54	Hans Schwob	Schwab / Schwaab	Nein.	Nein.	Ja.	Ja.	Ja, <5860> als Schwab.	Schreibweise: Schwap (1530), als Familienname belegt.

Nr.	Name 1572	Bereinigt	1470	1495	1530	1602	OFB[75]	Anmerk.
55	Zulliax Schwartz	Schwartz	Ja.	Ja.	Ja.	Ja.	Ja, <5910>.	Schreibweise: Swartz
56	Steffan Schwartz	Schwartz	Ja.	Ja.	Ja.	Ja.	Ja, <5903>.	Sohn von Hans Schwartz
57	Debolt Schwartz	Schwartz	Ja.	Ja.	Ja.	Ja.	Ja, <5909>.	Theobald Schwarz.
58	Hans Schwartz	Schwartz	Ja.	Ja.	Ja.	Ja.	Ja, <5904>.	./.
59	Mattheis Schwencken	Schwenk	Nein.	Nein.	Nein.	./.	Ja, <5988>.	./.
60	Hans Steren	Steren	Ja.	Ja.	Ja.	Ja.	Ja, <6239> als Sterr.	./.
61	Hans Steynheymer	Steynheymer	Nein.	Nein.	Nein.	Nein.	./.	./.
62	Hans Still	Still	Nein.	Ja.	./.	Ja.	Ja, <6256>.	Schreibweise: Stilfaut (1495) oder Stil (1602)
63	Nick Storm Witwe	Sturm	Nein.	Nein.	Ja.	Ja.	Ja, <6392>.	Sturm als Familienname belegt.
64	Phillip Unrudt	Unruh	Nein.	Nein.	Nein.	./.	Vgl. <6637>.	Möglicherweise Unruh, <6637>
65	Steffan Weber	Weber	Ja.	Ja.	Ja.	Ja.	Ja, <6826>.	Schreibweise: Wober (1495), Wöber (1530).
66	Niclauß Weinmeycher	Weinmeycher	Nein.	Nein.	Nein.	Nein.	./.	Weynmeycher / Weynmeyher oder Weyherbecker im OFB nachgewiesen.
	Summe 66							

In der Tabelle tauchen mehrere Namen auf, die über längere Zeiträume in Maikammer, Alsterweiler und Weinsweiler belegt sind. Eine detaillierte Beschreibung

der Familiennamen und deren erstes Auftauchen muss einer gesonderten Arbeit vorbehalten bleiben[76].

Tabelle Strafzahlungen

In einer tabellarischen Übersicht werden die Strafzahlungen aufgelistet. Neben den Namen erscheinen die Höhe und die Art des zu zahlenden Betrages. Außerdem wird das Vergehen benannt und dessen Häufigkeit aufgezählt.

Nr	F	Name	f	g	gr	ß	d	Vergehen	Anlass	Anz	Kapitel
1		Hans Hauck		0	2			keines	Torsäule		Über-feld
2		(Hans Hauck)		0	0,5			keines	2 Kerch Wolle		
3		Thomas Müller		0	7	2	0	keines	Obst		
4		Wendel Funck		0	25,5			keines	Maibede		
5		Haupricht Kester		2				keines	Bürgerrecht		Bürger-recht
6		Cyriacus Schwarz		2				keines	Bürgerrecht		
7		Johannes Stiel		2				keines	Bürgerrecht		
8		Steffen Schwartz		2				keines	Bürgerrecht		
9		Hans Groß		2				keines	Bürgerrecht		
10		Wendel Funck		2				keines	Bürgerrecht		
11		Theobald Schwartz		2				keines	Bürgerrecht		
12		Philipp Unruch		2				keines	Bürgerrecht		
13		Mattheis		0		7,5	0	Bäcker	Broteinung		Brot-einung

---

[76] *Hierbei geht es um Nennung der Namen vor den ersten Eintragungen in den Kirchenbüchern.*

Nr	F	Name	f	g	gr	ß	d	Vergehen	Anlass	Anz	Kapitel
14		Hans Frütz		0		7,5	0	Bäcker	Broteinung		
15		Hans Gunter		0		4	0	Bäcker/Unter käufer	Weckeinung	2	
16		Hans Bruckher		0		4	0	Bäcker/Unter käufer	Weckeinung	2	
17		Nikolaus Weinmey-her		0		2	0	Bäcker/Unter käufer	Weckeinung		
18		Jacob Falling-graben		0		2	0	Bäcker/Unter käufer	Weckeinung		
19		Curnradt Mers		0		4	0	Bäcker/Unter käufer	Weckeinung	2	
20		Christmann Kuhn		0		2	0	Bäcker/Unter käufer	Weckeinung		
21	3r	Melchior Müller	1	1		2	0	Bäcker/Unter käufer	Weckeinung		
22	4v	Hans Klein		0		2	3	Vieh im Garten	erwischt	3	Schütz Nebling
23		Hans Klein		0		0	9	Trauben gegessen	erwischt		
24		Bernhard Besten		0		0	9	Garten betreten	erwischt		
25		Müller Affenstein		0		1	0	Hühner im Wingert	erwischt		
26		Hans Pressler		0		0	4	zwei Hunde im Kreuz	erwischt		
27		Hans Pressler		0		3	0	Sauen im Nußbaum	erwischt		
28		Philipp Keller		0		0	9	Nüsse abgeworfen	erwischt		
29		Cyriacus Schwarz		0		0	9	Trauben gegessen	erwischt		
30		Stoffel Müller		0		2	0	Hühner im Wingert	erwischt		
31		Hans Mathis		0		3	9	Hund im Wingert	erwischt		
32		Jakob Ort		0		1	6	Betreten der Oberwiese	erwischt		Drei Mägde.
33		Hans Schwartz		0		0	9	Betreten der Oberwiese	erwischt		Meydel könnte nur eine Magd sein / 9 Pfen-nige, also die Hälfte von oben.
34	5r	Hans Rösser		0		0	5,5	Kalb im Wingert	erwischt		

Nr	F	Name	f	g	gr	ß	d	Vergehen	Anlass	Anz	Kapitel
35		Niklaus Wein-heymer		0		0	9	Trauben gegessen	erwischt		Schütz Jeger
36		Hans Müller		0		0	9	Nüsse aufgelesen	erwischt		
37		Obermüller		0		2	0	Hühner im Wingert	erwischt		
38		Peter Cunradt		0		2	0	Hühner im Wingert	erwischt		
39		Wendel Heynfelder		0		6	0	Hühner im Wingert	erwischt	3	
40		Veltin Obendruff		0		0	9	Acker in der Oberwiese	erwischt		
41		Caspar Gessner		9				Acker in der Oberwiese			
42		Obermüller		0		0	9	Ziege in der Oberwiese	erwischt		
43		Müller Affenstein		0		2	0	Hühner in der Oberwiese	erwischt		
44		Matthes Schwenk		0		3	9	Hund im Wingert	erwischt		
45	6v	Matthes Deutsch		0		1	6	Nüsse in Allmend abgeworfen	erwischt	2	Schütz Funk
46		Hans Müller		0		0	9	Trauben gegessen	erwischt		
47		Jörg Schmidt		0		0	9	Nüsse in Allmend aufgelesen	erwischt		
48		Obermüller		0		2	0	Hühner im Wingert	erwischt		
49		Cyriacus Schwarz		0		0	9	Trauben gegessen	erwischt		
50		ohne		0		0	9		erwischt		
51		Jakob Heymel		0		4	0	Hühner im Wingert	erwischt	2	
52		Hans Steyn-heimer		0		2	0	Hühner im Wingert	erwischt		
53		Hans Fromm		0		0	9	Trauben gegessen	erwischt		
54		Hans Schuster		0		3	9	Hund im Wingert	erwischt		
55		Veltin Platz		0		0	9	Trauben gegessen	erwischt		1 Kalb ergibt 9 Pfen-nige.
56		Metzger		0		2	3	Kälber	erwischt	3	3 Kälber ergeben 27

Nr	F	Name	f	g	gr	ß	d	Vergehen	Anlass	Anz	Kapitel
											Pfen-nige.
57		Hans Rösser		0		0	9	Kalb in der Wiese	erwischt		
58	7r	Haupricht Kester		0		0	9	Trauben gegessen	erwischt		
59		Hans Barchen		0		0	9	Gaul gefunden	erwischt		
60		Hans Schwab		0		7,5	0	In Wingert gefunden	erwischt		
61		Scheffer		0		0	9	In Wingert gefunden	erwischt		
62		Scheffer		0		7,5	0	Ziegen gefunden	erwischt		
63		Hans Klein		0		2	0	Hühner gefunden	erwischt		
64		Hans Klein		0		0	9	Gaul gefunden	erwischt		
65		Hans Rösser		0		7,5	0	Gaul im Saatfeld (Nachts)	erwischt		
66		Hans Barchen		0		7,5	0	Gaul im Kraut (Nachts)	erwischt		
67		Hans Sterr		0		0	9	Gaul im Saatfeld	erwischt		
68		Anstett Obendruff		0		0	9	Kühe im Saatfeld	erwischt		
69	8r	Conrad Merß		0		0	9	Weiden abgeschnitten	erwischt		Jahr-schütz Schu-ster.
70	8r	Hans Sterr		0		7,5	0	Pferd im Acker (Nachts)	erwischt		Schütz Gunter.
71		Hans Sterr		0		0	9	Spreißelgass Wiese	erwischt		
72		Hans Barchen		0		7,5	0	Gaul unterwegs (Nachts)	erwischt		
73		Hans Klein		0		7,5	0	Gaul Spreiselgass Wiesen (Nachts)	erwischt		
74		Scheffer		0		0	9	Kuh in Schultheisen Wingert	erwischt		
75		Obermüller		0		0	9	Kuh in Heden	erwischt		
76		Hans Haers		0		0	9	Gaul in Wingert	erwischt		
S		76	1	26	35	73,5	198				

Sachverhalte

Aus der Tabelle wird ersichtlich, daß es sich bei den Vergehen um Angelegenheiten der „niederen Gerichtsbarkeit" handelt. Sie durften nach der Rechtslage in der Gemeinde selbst verhandelt werden. Gleichwohl wurden diese „kleinen Vergehen" konsequent geahndet. Innerhalb dieser Gruppe härter bestraft wurde der schlechte Umgang mit Lebensmitteln. Das heißt, die Brot- und Weckvergehen wurden schwerer gewichtet, als das Weidenlassen oder der Mundraub. Letztlich sind 76 Einträge entstanden. Davon sind 64 „einungsrelevant".

Das häufigste Vergehen waren unbeaufsichtigte, also freilaufende Tiere. Seien es Hühner, Pferde, Hunde oder Kälber. Sobald diese auf einem fremden Grundstück oder im Kraut eines Ackers aufgefunden wurden, war eine Strafe fällig. Diese Einungen sind der Nachlässigkeit der Halter zuzuschreiben.

Ganz anders sieht es beim Diebstahl aus. Das Abwerfen von Nüssen, das Essen von Trauben im Weinberg sind Hinweise auf „Mundraub". Dieses gezielte Vergehen an fremdem Eigentum war zu bestrafen. Eine Vielzahl der Nennungen ist Knechten oder Mägden zuzurechnen, was auf Armut unter den Bediensteten oder Tagelöhnern hinweist.

Demgegenüber werden Metzger und das Metzgerhandwerk nicht mit Vergehen aufgespürt. Wenn man von den Zuchttieren absieht, die sich im Gelände aufgehalten haben.

Auch scheint es keine Strafen für die zahlreichen Schank- und Gastwirtschaften zu geben. Ebenso wenig werden Verfehlungen an Brunnen, an Wegen, beim Eichmaß oder an Brücken aufgespürt.

Im Abgleich mit der Dorfordnung von 1549 werden folgende Vergehen nicht erwähnt:

Weinausschank, Reifaufstecken, Gasthaus mit Beherbergung und Ausschank, Wässerung, Brückenschäden. Der vollständige Abgleich ist einer tiefergehenden Betrachtung vorbehalten.

Hinweise, daß diese Vergehen möglicherweise in einer anderen eigenständigen Aufstellung „geeint" wurden, fehlen in dieser Rechnungsaufstellung.

Währung

Geld war im 16. Jahrhundert in unterschiedlichen Währungen im Umlauf. Hauptbezugsgrößen waren Gold und Silber. Trotz der Versuche einer einheitlichen Reichsmünzordnung bestand ein Wirrwarr von Münzen und Werten fort[77].

Maikammer mit Alsterweiler lag im Zeitraum der Rechnung im Hochstift Speyer. Das Hochstift war im Übergang vom Mittelalter zur Neuzeit keine prägende Wirt-

---

[77] *Einen guten Einblick gibt die folgende Seite: https://www.numismatik-in-hannover.de/einblicke/ausstellungen/kdmg/fruehenzkdmg/, abgerufen am 09.04.2024.*

schaftsmacht, eher ein kleines „unbedeutendes"[78] Territorium[79]. Der Austausch mit anderen Regionen lief über den Handel, der allerdings erst im 18. Jahrhundert zu einem nennenswerten Wirtschaftsbeitrag wurde. Bis zum Aufkommen des Weinhandels oder der Etablierung von Fabriken in Maikammer und Alsterweiler sollten noch Jahrhunderte vergehen. Bis zum 18. Jahrhundert waren die kleinen Orte weitgehend „selbstbezogen".

Für den Zeitraum der vorliegenden Einnahme-Geld-Aufstellung können nur aus der Aufstellung selbst die „Verhältnisse" der Währungen untereinander aufgeklärt werden. Aus den Aufzeichnungen lassen sich folgende Bezeichnungen erkennen:

Fl. = Florentiner (Gold-) Gulden (fol. 3^r), nur an dieser Stelle mit einem Eintrag.

lb = Libra / Gulden (fol. 2^r, passim)

Groschen = Groschen (fol.2^r), nur an dieser Stelle mit lediglich vier Einträgen.

ß = Schilling (fol. 2^r, passim)

d = Denar / Pfennig (fol. 2^r, passim)

Neben der Vielfalt an Münzen gab es auch noch unterschiedliche Verrechnungseinheiten. Dadurch entstanden in heutiger Zeit kaum noch nachvollziehbare

---

[78] *„Allerdings gehörte das Hochstift selbst zum Zeitpunkt seiner größten Ausdehnung zu den bescheideneren geistlichen Fürstentümern im Reich, kaum hundert Dörfer und kleinere Städte umfasste es." Adam, Thomas (ohne, PDF): Eine Stadt und ihre Landesherren: Bruchsal als Fürstensitz der Bischöfe von Speyer, Seite 1.*

[79] *Ebenso hier: Metz, Friedrich (1966): Bistum und Hochstift Speyer und ihre geographischen Grundlagen. In: Geographische Zeitschrift 54. (Heft 1), S. 72–96.*

Gegenrechnungen. Aus der Aufstellung „*Einnahmen Geld in der Gemeinde 1572*" ergeben sich folgende gegenseitige Bezugsgrößen:

Der (ein) Florentiner (Gold-) Gulden wird nur einmal erwähnt. Es handelt sich um die Zahlung von 1 Florentiner 1 Gulden 2 ½ Schilling Pfennige. Zu zahlen war für eine Weckeynung. Sie war von Niclaus WEINMEYHER zu entrichten im Namen von Melchior MÜLLER.

Durch die Reichsmünzenordnung vom Jahre 1559 wurde der Florentiner / Gulden (weil in Florenz zum ersten Mal geprägt, auch als Florentiner und fl. bezeichnet) mit 60-66 Kreuzern eingeführt. Um diese Zeit war 1 Pfund Pfennig gleich einem Gulden. 1 fl. hatte 240 Pfennige, wie das Pfund.

Der Groschen wird in mehreren Zeilen, aber ausschließlich in einer Rubrik erwähnt. Es handelt sich um Einnahmen für die Gemeinde aus „Vergaben". 24 Groschen entsprachen 12 Pfennigen, also 2 Groschen zu einem Pfennig.

Alle anderen Strafmaße werden in Libra (Gulden), Schilling und Pfennigen abgerechnet.

Das (der) Libra wurde mit einem Pfund Pfennige gegengerechnet. Ein Schilling entsprach 12 Pfennigen[80].

---

[80]   *Leonhardt (1928), Seite 256.*

„Im 16. Jahrhundert galten im allgemeinen als Münzsorten 1 fl. - 1 Pfund Pfennig - 20 Schilling - 30 Albus - 60 Kreuzer - 240 Pfennig - 1.70-2.00 M unseres heutigen Geldes."[81] [82]

Und dementsprechend war die Gegenrechnung wie folgt:

1 Schilling = 12 Pfennige

Folgerung aus den hier gemachten Einträgen: 9 Pfennige / 1 Schilling 0 Pfennig. Diese Angabe ergibt nur Sinn, wenn 1 Schilling größer als 9 Pfennige ist.

Desweiteren wird angegeben:

1 Schilling und 0 Pfennige / dann 1 Schilling und 3 Pfennige.

Folgerung aus den hier gemachten Einträgen: Daraus lässt sich schließen, daß 1 Schilling mit 12 Pfennigen gleichzusetzen ist. Denn der „Wertzuwachs" läuft von 9 Pfennigen plus 3 Pfennige zu 1 Schilling und 0 Pfennigen. Die nächsthöhere Zahlung lautet dann: 1 Schilling und 6 Pfennige.

Auch bei der Berechnung der Angabe 7,5 Schillinge passt die Verrechnung. Denn 7,5 Schillinge ergeben multipliziert mit 12 Pfennigen 90 Pfennige.

Desweiteren entsprechen dann 20 Schillinge 240 Pfennigen und 20 Schillinge werden mit einem Gulden (fl.) gegen gerechnet.

---

[81]   *Leonhardt (1928), Seite 256.*
[82]   *Bezogen auf das Jahr 1928.*

REGISTER

Orts- und Sachregister

Anmerkung: Die Flurnamen werden nach der Lagehauptbezeichnung einsortiert. Zusätzliche angaben, wie „an", „am", „in" werden dem Eintrag nachgestellt.

-A-

-B-

-D-

-E-

-F-

-G-

-H-

-J-

-K-

-N-

-O-

-P-

-R-

-Z-

Personenregister

Anmerkung: Die Personennamen werden nach einer angepassten Schreibweise sortiert. Schreibvarianten können aufgespürt werden, wie z.B. bei Funck, Funk, Funken.

-U-

-W-

-Z-

Tabellen

Übertragungshinweise

Literatur

Adam, Thomas (ohne, PDF): Eine Stadt und ihre Landesherren: Bruchsal als Fürstensitz der Bischöfe von Speyer.

Conrad, Otto (1956): Die Herren und Ritter von Oberstein. Idar-Oberstein.

Doll, Anton L. (1985): Die Maikammerer Dorfordnung von 1549. In: Historischer Verein der Pfalz (Hg.): Mitteilungen des historischen Vereins der Pfalz (Hg.) 1985, 83. Band. Unter Mitarbeit von Anton L. Doll. Speyer: Verlag des Historischen Vereins der Pfalz e.V. (Mitteilungen des Historischen Vereins der Pfalz, 83. Band), S. 5–361.

Doll, Anton L. (Hg.) (1988): Palatia Sacra. Teil 1 Bistum Speyer. Band 4 Landdekanat Weyher. Doll, Ludwig Anton. Unter Mitarbeit von Volker Rödel. Gesellschaft für Mittelrheinische Kirchengeschichte. Mainz: Selbstverlag der Gesellschaft für mittelrheinische Kirchengeschichte e.V. (PALATIA SACRA Kirchen- und Pfründebeschreibung der Pfalz in vorreformatorischer Zeit, Teil 1 Bistum Speyer, Band 4 Der Landdekanat Weyher).

Dolch, Martin; Greule, Albrecht (1991): Historisches Siedlungsnamenbuch der Pfalz. Speyer: Verlag der Pfälzischen Gesellschaft zur Förderung der Wissenschaften (Veröffentlichungen der Pfälzischen Gesellschaft zur Förderung der Wissenschaften in Speyer, 81).

Dolch, Martin; Stammnitz, Peter (2008): Die von Oberstein in der Pfalz. In: Bezirksgruppe Kaiserslautern im Historischen Verein der Pfalz e.V. (Hg.): Kaiserslauterer Jahrbuch für Pfälzische Geschichte und Volkskunde. Vormals Jahrbuch zur Geschichte von Stadt und Landkreis Kaiserslautern (Alte Folge 43/44 2006/2007). Festschrift für Martin Dolch zum 85. Geburtstag, 6/7. Unter Mitarbeit von Jürgen Keddigkeit. Kaiserlautern (Kaiserslauterer Jahrbuch für Pfälzische Geschichte und Volkskunde), S. 43–68.

Dreyer, Matthias; Weingart, Johannes (2023): Die Volkszählung von 1470 im Hochstift Speyer. 1 Band. Neustadt an der Weinstraße: (Schriften zur Förderung der pfälzischen Geschichtsforschung, Reihe A Pfälzische Geschichtsquellen Band 20).

Dreyer, Matthias C.S. (2019, Version vom 14. April): Bürgermeister-Rechnung 1739-1740 Bürgermeister-Rechnungen Maikammer mit Alsterweiler. Unter Mitarbeit von Martina Stöckl und Johannes Weingart. Online. 1 Band. Alsterweiler: Eigenveröffentlichung (Bürgermeister-Rechnungen Maikammer mit Alsterweiler, I). Online verfügbar unter http://www.matthiasdreyer.de-/bib/i/?book=Burgermeister.

Dreyer, Matthias C.S.; Weingart, Johannes (2013): Einwohner von Maikammer und Alsterweiler nach den Listen zum Gemeinen Pfennig von 1495. In: Pfälzisch-rheinische Familienkunde XVII, Heft 9 / April 2013.

Gemeinde Maikammer: Archiv der Gemeinde Maikammer / Pfalz - Gemeindearchiv. Landesarchiv Speyer, Landesarchiv Speyer (LA Sp U 103). Landesarchiv Speyer.

Hener, Markus (1994): Die Kredenburg im Wandel der Jahrhunderte. Erläutert von Markus Hener. Maikammer: Selbstverlag.

Henschel, Hans-Dietrich (1995): Rauenberg und die Junker von Dalheim. In: Heimatverein Kraichgau (Hg.): Kraichgau - Beiträge zur Landschafts- und Heimatforschung, XIV.

Henschel, Hans-Dietrich (1996): Rauenberg und die Junker von Dalheim: Ein Nachtrag. Heimatverein Kraichgau.

Leonhardt; Damm; Treptow (1986): Ortschronik Maikammer Alsterweiler. I. Teil - Geschichte von Maikammer-Alsterweiler von Johannes Leonhardt 1928 II. Teil Chronik von Maikammer-Alsterweiler ab 1928 und Chronik der Verbände und Vereine 1986. Maikammer: Heinrich Schreck KG (Band 1 und Band 2).

Leonhardt, Johannes (1928): Geschichte von Maikammer=Alsterweiler. Johannes Leonhardt: Selbstverlag (1).

Metz, Friedrich (1966): Bistum und Hochstift Speyer und ihre geographischen Grundlagen. In: Geographische Zeitschrift 54. (Heft 1), S. 72–96.

Ofer, Erwin F. (1999): Volkszählung im Hochstift Speyer 1530. Beschreibung aller leibeignen Leuth in- undt außerhalb, dem Hochstift zugehörig, sub Philippo II ab 1530. Inwoner und Hindersessen des Stieffts Speyer dort Jhensat Reins. Ludwigshafen am Rhein: Pfälzisch-rheinische Familienkunde e.V. (Schriften zur Bevölkerungsgeschichte der pfälzischen Lande, Folge 19).

Remling, Franz Xaver (1970): Urkundenbuch zur Geschichte der Bischöfe zu Speyer. 1. Ältere Urkunden. Neudruck der Ausgabe Mainz 1852. Aalen: Scientia-Verlag.

Remling, Franz Xaver (1975): Neuere Geschichte der Bischöfe zur Speyer sammt Urkundenbuche. Unveränderter Nachdruck der 1. Auflage Speyer 1867. Pirmasens: Richter.

Schäfer, Günter (2010): Damit niemand vergessen wird! Ortsfamilienbuch St. Martin. Schäfer, Günter: Selbstverlag (Deutsche Ortssippenbücher der Zentralstelle für Personen- und Familiengeschichte, 600 Reihe A).

Schäfer, Günter; Stöckl Martina (2015): Ortsfamilienbuch Maikammer-Alsterweiler Band 1 und Band 2: Selbstverlag.

Schäfer, Günter; Stöckl Martina (2020): Ortsfamilienbuch Kirrweiler/Pfalz. Einwohner 1618 - 1925/1945. 2 Bände (Deutsche Ortssippenbücher der Zentralstelle für Personen- und Familiengeschichte, Reihe A OFB-Nr. 02.150).

Schmitt, Max Lothar (2007/12/28): Gütertausch zwischen Bischof und Leimersheimer Rudolf (957), In: Die Rheinpfalz (Tageszeitung) Land/Service, 28. Dezember 2007.

Schmitt, Max Lothar (2007/12/29): Elf Morgen Weinberge, Äcker und Wiesen - Lage des ehemaligen Weinsweilerer Besitzes lässt sich aus alten Grundsteuerkarten erschließen, In: Die Rheinpfalz (Tageszeitung) Land/Region, 29. Dezember 2007.

Wittmer, Richard (2000): Die Flur von Maikammer-Alsterweiler: Ihre Namen und steinernen Zeugen in Geschichte und Geschichten. Ortsgemeinde Maikammer: Selbstverlag.

Wittmer, Richard (2001): Glockenstein und Trullo, Maikammerer steinerne Raritäten. Landkreis Südliche Weinstraße. In: Landkreis Südliche Weinstraße (Hg.): Heimat-Jahrbuch 2002 für den Landkreis Südliche Weinstraße. Steinerne Zeugen, Bd. 24. 1. Auflage. Otterbach: Arbogast (Heimat-Jahrbuch Südliche Weinstraße, 24. Jahrgang), S. 105–106.

Wittner, Heinz R. (2002): Wiedertäufer auf dem Weinsperhof im 17. Jahrhundert. In: Pfälzisch-Rheinische Familienkunde XV, Heft 2. Online verfügbar unter https://www.prfk.org/.

Ziegler, Urban (1970): Singt dem Herrn ein neues Lied! Katholische, Kirche Maikammer. In: Katholische Kirchengemeinde Maikammer (Hg.): 100 Jahre Kirchenchor Maikammer, Speyer, S. 59–64.

Ziegler, Urban (1975): 100 Jahre Freiwillige Feuerwehr Maikammer. Freiwillige Feuerwehr Maikammer. In: Freiwillige Feuerwehr Maikammer (Hg.): 100 Jahre Freiwillige Feuerwehr Maikammer. Festschrift verbunden mit dem 2. Kreisfeuerwehrtag des Landkreises Landau-Bad Bergzabern. Unter Mitarbeit von Freiwillige[r] Feuerwehr Maikammer.

Für die Übertragung und die Auswertung wurden mehrere Wörterbücher benutzt. Sie werden im Literaturverzeichnis nicht aufgeführt. Sehen Sie dazu die Fußnoten an der jeweiligen Stelle.

Quellen

Gemeinde Maikammer: Archiv der Gemeinde Maikammer / Pfalz - Gemeindearchiv. Landesarchiv Speyer, Landesarchiv Speyer (LA Sp U 103). Landesarchiv Speyer.

Gemeinde Maikammer: Archiv der Gemeinde Maikammer / Pfalz – Gemeindearchiv, Verbandsgemeinde Maikammer.

Heißel, Martin; Schwartz, Nikolaus (1590-1591): Meinkhamer Dorffrechnung (1591). Landesarchiv Speyer, LA Sp U 103 Nr.102.

Koch, Emanuel; Gard, Peter (1740): Mayhkammerer Bürgermeister Rechnung (1739/1740). Landesarchiv Speyer, LA Sp U 103 Nr.193.

Obendruff, Hans der Alt (1572): Inname gelt in der gemeynn zu Meynkhamer Hans Obendruffen daselbst belangenn anno 72 jar.

Preyß, Ulrich; Fischer, Wolf (1575-1576): Gemeinde Rechnungen (1575/1576). Landesarchiv Speyer, LA Sp U 103 Nr.100.

Schlipfer, Damian (1578-1579): Meinkammer DorffRechnung (1579). Landesarchiv Speyer, LA Sp U 103 Nr.101.

GRUNDSÄTZE DER ÜBERTRAGUNG

Die Seitennumerierung ist fortlaufend und umfasst alle Seiten des Büchleins, einschließlich Vorder-, Leer- und Rückseiten. Die Bezeichnung erfolgt als „folio" (fol.) , jeweils „recto" (r)　und „verso" (v)　(im Fließtext als x^r x^v). Im Sinne einer eindeutigen Zuordnung der Blätter wird diese Foliierung　(lat. folium „Blatt") verwendet. Mit der Foliierung ist also die Blattzählung gemeint. Bei Handschriften werden üblicherweise nicht die Seiten, sondern die Blätter des Werkes gezählt. Zur Unterscheidung von Vorder- und Rückseite eines Blattes werden die Bezeichnungen *recto* (Vorderseite oder die rechte Seite eines aufgeschlagenen Buches) und *verso* (Rückseite oder die linke Seite eines aufgeschlagenen Buches) verwendet.

Die Interpunktion ist ausgelassen. Eine Ausnahme bilden Zeichensetzungen, die bei der Zuordnung von Einträgen auftauchen. Jede Überschrift der Edition wird mit einem Punkt abgeschlossen. Die Belegeinträge werden ebenfalls mit einem Punkt (.) abgeschlossen.

Sämtliche Wörter werden klein geschrieben. Personennamen und Ortsnamen (soweit sie eindeutig erkennbar sind) werden mit großen Anfangsbuchstaben gekennzeichnet.

Eine Auslassung wegen Unleserlichkeit aufgrund von schadhaftem Papier wird mit drei Punkten, wie folgt gekennzeichnet: … oder […]. Eine sinngemäße Ergänzung des Originaltextes wird in eckige Klammern gesetzt: []. Die Zeichenfolge [„-" „-" „-"] kennzeichnet eine mathematische Ergänzung bei fehlender oder unleserlicher Zahlenangabe, sofern diese aus dem Kontext erschlossen werden kann. Ein Ausrufezeichen (!) markiert einen Hinweis auf eine Besonderheit in der Rechtschreibung. Eine Streichung im Originaltext wird, soweit erkennbar übertragen oder ergänzt, und mit ~~aaa~~ gekennzeichnet. Ein Fragezeichen (?) in runden Klammern markiert eine fragwürdige Übertragung oder eine Unklarheit, wie bei unbekannten Familiennamen.

Ein nicht mehr geläufiger Begriff ist in einer Fußnote erschlossen. In Fußnoten finden sich Anmerkungen zu Orts- und Personennamen sowie Hinweise zum Quellenstudium.

Zur Vorgehensweise bei den Einungen ist anzumerken: Zunächst mussten die Verfehlungen festgestellt werden. In der Folge lösten die Verfehlungen die Einung aus. Aufgrund der durchgehenden Schreiberhand ist davon auszugehen, daß es „Erfassungslisten" der jeweiligen Schützen gab. Es läge nahe, die im Feld, vor Ort festgestellten Vergehen, nach Tagesschluss / beim Nachschützen am frühen Morgen, summarisch aufzunehmen. Am Monats-, Jahresende oder zu bestimmten Erfassungszeiträumen wurden die Listen an den Schultheißen/Bürgermeister oder Rechnungsbuchführer weitergleitet. Am Jahresende wurde das vorliegende Heft erstellt.

Diese Vorgehensweise deckt sich auch mit dem Vermerk der Zahlung des jeweiligen Betrages. War die Einung bezahlt, wurde eine entsprechende Randnotiz (vor dem „Item") angefügt – lateinisch „dedit" für gegeben. Diese „synonyme" Eintragung von „Dedit" und „Item" weist auf eine „nachträgliche" Eintragung im

Büchlein hin. Das heißt, der Betrag war bereits in bar entrichtet, dann wurden Verfehlung und Bezahlung erfasst.

Eine Wertangabe in Geld wird - entgegen der üblichen Ausschreibung bis zur Zahl 12 - in der Ziffernschreibweise wiedergegeben. Dies dient der besseren Lesbarkeit.

Edition

[Beginn der Übertragung][1]

fol. 1r[2]

Inname[3] gelt[4] in der gemeynn[5] zu Meynkhamer[6] [7] Hans Obendruffen[8] daselbst belangenn[9] anno 72[10] jar.

Hanns Obenndroff der alt.

fol. 1v

---

[1]   *In die Edition sind Anmerkungen von Martina Stöckl und Johannes Weingart eingeflossen. Vorschläge zu abweichender Lesweise oder Auslegung des Originaltextes sind nochmals überprüft und in einigen Fällen übernommen worden.*

[2]   *Es handelt sich dabei um die Vorderseite des Heftchens. Die Rückseite ist 9v. Sehen Sie dazu die Fußnote 181.*

[3]   *Einnahme.*

[4]   *Geld.*

[5]   *Gemeinde.*

[6]   *Wurmfraß zwischen y und k; zu lesen ist der zweite Schaft wohl eines n.*

[7]   *Maikammer, Ortsgemeinde im Landkreis Südliche Weinstraße, einschließlich des Ortsteils Alsterweiler, des Ortsteils Weinsweiler und der zugehörigen Mühlen.*

[8]   *Hans Obendruff.*

[9]   *Betreffen, angehen, sehen Sie dazu: Deutsche Rechtswörterbuch (im Folgenden DRW), Band 1, Sp. 1514.*

[10] *Es handelt sich um das Jahr 1572.*

Inname gelt. [Nota bene] ubie veld *[?][11]*.

fol. 2r

Item[12] II groschen[13] ingenumenn[14] von Hans Hau[s]khen[15] vor II steynen[16] dhoer[17] seyln[18].

Item 1/2 groschen ingenumen vor II kerch[19] woll *[? / v][20].[21]*

---

[11] *Wahrscheinlich handelt es sich um Einnahmen aus dem Überfeld. Das Überfeld war eine Allmende. Die Nutzung wurde in der Regel an Bürger vergeben. Daraus zurückfließende Einnahmen waren in der Rechnung zu verbuchen.*

[12] *Item = ein weiterer Punkt (einer Aufzählung).*

[13] *Groschen, Währungseinheit im Mittelalter und in der Neuzeit. Der damalige Groschen hatte einen Silberwert von ca. 7 € und einen Gegenwert zu heute von etwa 22 €. Sehen Sie dazu: Der Mittelalterechner, Alf Leue, Egelsbach, unter: http://www. mittelalterrechner.de.*

[14] *ingenumenn = eingenommen, kommt in zahlreichen Schreibformen vor.*

[15] *Hans Hauck.*

[16] *Aus Steinen gemacht, steinern.*

[17] *dhoer = Tür, mnd. dör, abstammend von thuruh, durch. Sehen Sie dazu: Althochdeutsches Wörterbuch. Auf Grund der von Elias v. Steinmeyer hinterlassenen Sammlungen im Auftrag der Sächsischen Akademie der Wissenschaften zu Leipzig. Bearbeitet und herausgegeben von Elisabeth Karg-Gasterstädt und Theodor Frings. Leipzig 1952-2015ff.*

[18] *seyl = Säule, Pfosten, Pfeiler. Sehen Sie dazu: Mittelhochdeutsches Handwörterbuch von Matthias Lexer, digitalisierte Fassung im Wörterbuchnetz des Trier Center for Digital Humanities, Version 01/23, <https://www.woerterbuchnetz. de/Lexer>, abgerufen am 10.07.2023. (oder analoge Version unter: MHH, Band 2, Sp. 1292).*

[19] *kerch entspricht karch = Karren. Sehen Sie dazu: Deutsches Wörterbuch von Jacob Grimm und Wilhelm Grimm, digitalisierte Fassung im Wörterbuchnetz des Trier Center for Digital Humanities, Version 01/ 23, <https://www.woerterbuch netz.de/DWB>, abgerufen am 10.07.2023.*

[20] *voll oder woll, nicht eindeutig zu lesen. Im Falle von „voll" stellt sich die Frage nach der Ware, die im Karren geliefert wurde. Wenn auch das Produkt „Wolle", als Karren voll Wolle nicht das typische landwirtschaftliche Produkt eines Weinbaudorfes ist, wären Ziegen- oder Schafwolle denkbar.*

[21] *Am linken Rand: Dedit.*

Item[22] VII groschen II ß[23] d[24] ingenumen von Thoman Muler[25] vom gemein opts[26].

Item XXV 1/2 groschen ingenumen von Wendell Funkhen vor die maien[27] kesten[28].

I.[29]

Burgerecht[30].

Item II lb[31] d Haupricht Kuster[32].

Item II lb d Zulliax[33] Schwartz[34].

Item II lb d Hanns Still[35].

Item II lb d Steffan Schwatz[36] Hans Schwartzen[37] son.

Item II lb d Hans Groß[38].

---

[22] *Davor Streichung wegen Verschreibung.*

[23] *ß – Schilling.*

[24] *d = Pfennig.*

[25] *Thoman Müller = Thomas Müller.*

[26] *opts = Obst. In der Form Ops belegt. Sehen Sie dazu: Pfälzisches Wörterbuch, digitalisierte Fassung im Wörterbuchnetz des Trier Center for Digital Humanities, Version 01/23, <https://www.woerterbuch netz.de /PfWB>, abgerufen am 10.07.2023. Im Folgenden als PfWB.*

[27] *Maien ist üblicherweise als Monat Mai zu lesen. Was die Bedeutung von Maien-Kastanien oder Kisten sein soll, muss offen bleiben. Denkbar ist die Abgabe der Kisten (Geldkisten), in denen die Maienbede aufbewahrt war. So wäre davon auszugehen, daß Wendel Funk die Abgaben für die Maienbede einge- sammelt und dann an Hans Obendruff, den Schultheißen übergeben hat.*

[28] *kesten = Kisten, Sehen Sie dazu: PfWb, Bd. 4, Sp. 249, Z. 15.*

[29] *Nicht ausgeführt.*

[30] *Bürgerrecht. Die Erlangung des Bürgerrechtes war mit Kosten und einer Eintragung verbunden.*

[31] *lb = libra, entspricht einem Pfund, ein Pfund Pfennig (lb d) entsprach einem Gulden. Sehen Sie dazu: Leonhardt (1928), Seite 205.*

[32] *Haupricht Ku(ü)ster auch Kesser, Kester möglich.*

[33] *Zulliax = Schreibweise von Cyriacus.*

[34] *Schwartz = Cyriacus Schwartz.*

[35] *Hanns Still = Johannes Stiel.*

[36] *Steffen Schwatz = Steffen Schwartz.*

[37] *Hans Schwartz = Hans Schwartz.*

[38] *Hans Groß = Johannes Groß.*

Item II lb d W(e)nd(e)ll Funken[39].

Item II lb d Debolt[40] Schwartz[41].

Item II lb d Phullips Unurdt[42]

fol. 2v[43]

fol. 3r

Inname brodteynung[44].

Item VII 1/2 ß d ingenumen von Mattheis dem obermuller[45] vor brodteynung.[46]

Item VII 1/2 ß d ingenumen von Hans Frutzen[47] vor brodteynung.[48]

---

[39]　*Wendell Funk = Wendelin Funck.*
[40]　*Davor gestrichen Delb.*
[41]　*Debolt Schwartz = Theobald Schwarz.*
[42]　*Phullips Unurdt = Möglicherweise Familienname Unruch, ein Adolph Unruch ist für das Jahr 1580 belegt.*
[43]　*Unbeschrieben.*
[44]　*Broteinung; Strafe für Bäcker (DRW, Band 2, Sp. 517).*
[45]　*Mattheis war der Müller in der Obermühle, auch Weisbrodsmühle genannt, heute steht dort das Bildungszentrum der Berufsgenossenschaft (BG RCI).*
[46]　*Am linken Rand: Dedit.*
[47]　*Hans Frutzen = Hans Frütz.*
[48]　*Am linken Rand: Dedit.*

Item IIII ß d ingenumen von Hans Gintern[49] dem jungen vor II weckeynung[50].[51]

Item IIII ß d ingenumen von Hanns Brückler[52] vor II weckeynung.[53]

Item II ß d ingenumen von Niclauß Weinmeyher[54] vor I weckeynung.[55]

Item II ß d ingenumen von Jacob Falling[...]graben[56] vor I weckeynung.[57]

Item IIII[58] ß d ingenumen von Cunradt Mersenn[59] vor ein weckeynung.[60]

Item II ß d ingenumen von Chriestman Khun[61] vor I weckeinung.[62]

Item I fl I lb II 1/2 ß d ingenumen von Niclauß Weinmey[c]her[63] vor weckeynung instat[64] Melicher Mullers[65].[66]

fol. 3v[67]

---

49 *Hans Ginter = Johannes Günther der Jüngere.*
50 *Bedeutung wie Broteinung.*
51 *Am linken Rand: Dedit.*
52 *Hans Brückler = Johannes Bruckher.*
53 *Am linken Rand: Dedit.*
54 *Niclaus Weinmeyher = Nikolaus Weinmeyher.*
55 *Am linken Rand: Dedit.*
56 *Wurmfraß; Jacob Fallingraben.*
57 *Am linken Rand: Dedit.*
58 *Schäfte des Zahlenzeichens durch Wurmfraß zerstört; Punkte über den Schäften lesbar.*
59 *Cunradt Mersenn = Cunnradt Merß.*
60 *Am linken Rand: Dedit.*
61 *Chriestman Khun = Christmann Kuhn.*
62 *Am linken Rand: Dedit.*
63 *Wurmfraß; zwei Buchstaben nicht zu lesen. Niclaus Weinmeyher, in Anlehnung an oben.*
64 *An Stelle von, im Namen von (DRW, Band 1, Sp. 738).*
65 *Melicher Mullers = Melicher könnte eine Variante von Melchior sein, also Melchior Müller.*
66 *Am linken Rand: Dedit.*
67 *Unbeschrieben.*

fol. 4r[68]

fol. 4v

Einigen Phüllüps Nebling[69].

Item II ß III d vor III einung in Hü[70]dtstocks garten gaull Hans Klein[71] [72] in Veltin Obendruffs[73] wusen[74] und bey der mull funden worden[75].

Item IX d gemelten Hans Klein bub[76] in Weimschwer [77] [78] drauben[79] gesen.[80]

Item IX d Bernhartz Bestian[81] bub in Hudtstocks garten funden.[82]

---

[68] *Unbeschrieben.*
[69] *Phüllüps Nebling = Philipp Nebling.*
[70] *Hüdtstock = Hutstock.*
[71] *Hans Klein = Johannes Klein.*
[72] *Über der Zeile nachgetragen.*
[73] *Veltin Obendruff = Valentin Obendruff.*
[74] *wusen = Wiese. Ohne Nachweis sinngemäß angenommen.*
[75] *Das Vergehen bestand darin, daß der Gaul des Hans Klein im Garten des Hutstock, in der Wiese des Veltin Obendruff und bei der Mühle gefunden wurde. Wiese ist hier als genutztes und gepflegtes Kulturland zu verstehen, nicht als Weide.*
[76] *Bube; Knecht (DRW, Band 2, Sp. 548).*
[77] *Wurmfraß.*
[78] *Es handelt sich um die Lagebezeichnung Weinschwer / Weinsper mit Bezug zu dem abgegangenen Ort Weinsweiler. Sehen Sie dazu: Dolch, Greule (1991), Seite 483 „weinschwer".*
[79] *drauben = Trauben.*
[80] *Der Eintrag ist gestrichen.*
[81] *Bernhartz Bestian = unbekannt, eventuell der Nachname Besten.*
[82] *Am linken Rand: Dedit.*

Item I[83] ß d Affensteins[84] mülers hinger[85] in Steffan Beckers[86] wingart.

Item IIII[87] d Hans Preslers[88] II[89] hunt im creutz[90] funden.

Item III ß d gemelter[91] Metzelers[92] sauen in Hertels frauwen[93] noßbaum[94] funden.

Item IX d Phullipß Kellers[95] knecht hat nuss abgeworffen[96].

Item IX d Zulliax Schwartzen[97] knecht hat drauben gesen.

Item II ß d Stoffell Mulers[98] hinger in Steffen Mulers[99] wingart.

Item III ß IX d Hans Obermulers[100] hundt in Hans Jegers[101] wingart.

---

[83]   *Gestrichen II hochgestellt neu eingefügt I.*

[84]   *Affenstein = Affenstein (Der Name Affenstein ist in späterer Zeit als Einwohner von Kirrweiler (Pfalz) belegt).*

[85]   *hinger = Hühner. Sehen Sie dazu: Luxemburger Wörterbuch, digitalisierte Fassung im Wörterbuchangebot der Universität Luxemburg, Department of Humanities, <https://dico.uni.lu/LWB>, abgerufen am 10.07.2023.*

[86]   *Steffan Becker = Stephan Becker.*

[87]   *Über gestrichen III ß IX.*

[88]   *Hans Preslers = Johannes Pressler.*

[89]   *Davor Streichung „hundt".*

[90]   *creutz = Kreuz. Die Flurlage „ am Kreuz" bezieht sich auf das Gerichtskreuz, das an der Grenze zur Flurlage Ahlberg lag.*

[91]   *Gemelter = oben genannter, erwähnter.*

[92]   *Durch die Beschädigung des Blattes nur schlecht zu lesen. Wenn es „ Metzelers" sauen heißt und er schon einmal erwähnt worden war, kann es sich nur um Hans Presler handeln (Zeile darüber).*

[93]   *Ehefrau von Hertel = Herdel.*

[94]   *Noßbaum = Nußbaum.*

[95]   *Phullips Keller = Phillip Keller.*

[96]   *Herunterwerfen (DRW, Band 1, Sp. 340).*

[97]   *Zulliax Schwartz = Cyriacus Schwartz.*

[98]   *Stoffel Muler = Stoffel Müller.*

[99]   *Steffen Muler = Steffen Müller. Bei den beiden Personen „Stoffel Müller" und „Steffen Müller" muss es sich um zwei Personen handeln. Nur so ergibt die Bestrafung für den Aufenthalt der Hühner in eines anderen Weingarten Sinn.*

[100]   *Vor dem l ein überzähliger Schaft. Der Obermüller wird bereits erwähnt und heißt Mattheis, sehen Sie dazu: fol. 2r. So könnte sich der Name Hans Matheis ergeben oder Matthis, wie im Ortsfamilienbuch (<3852>) aufgeführt. Der Müller in der Obermühle wäre dann im Jahr 1572 Johannes Matthis.*

[101]   *Hans Jeger = Hans Jäger.*

Item I[102] ß VI d Jacob Ortten[103] meydlichen[104] in Hans Hansen[105] ober waß[106].

Item IX d Hans Schwartz[107] in der obergaß[108] sein meydel[109] in Hans Hansen[110] ober waß.

fol. 5r

Phüllips Nebling.

Item V 1/2 d Hans Ressers[111] kelpt[112] ist funden worden in Chriestmans Keim[113] wingart.

fol. 5v

---

[102] *Davor Streichung.*

[103] *Jacob Ortten = Jacob Ortten.*

[104] *Meydlichen = „ Maid f. 'Mädchen', mhd. mait, meit 'Jungfrau, unfreies Mädchen, Dienerin', die kontra-*
hierte Form von mhd. maget (s. Magd), frühnhd. Meid (deminutiv Meidlein) verliert sich im Laufe des
16." Jhs. (DWDS, Der deutsche Wortschatz von 1600 bis heute unter: Maid).

[105] *Hans Hansen = Hans Hans.*

[106] *Ober was = Oberwiese oder obere Wiese. „Oberwiese" ist ein Flurname nördlich vom „Wolfsloch" an*
der Gemarkungsgrenze zu St. Martin; alle Wiesen gehörten zum Erbbestand der Obermühle.

[107] *Hans Schwartz mit dem Zusatz Obergasse, weil es wohl mehrere Hans Schwartz in Maikammer und*
Alsterweiler gab.

[108] *Obergaß = Obergasse. Wohl das Gegenteil zur heute noch üblichen Bezeichnung der „Niedergass", Ab-*
schnitt der Friedhofstraße zwischen St. Martiner Straße und Hartmannstraße. Es wäre dann die heutige
Weinstraße.

[109] *Meydel = wie meydlichen, Sehen Sie Fußnote 104.*

[110] *Hans Hansen = Hans Hans.*

[111] *Hans Ressers = Hans Rösser.*

[112] *Kelpt = Kalb.*

[113] *Christmann Keim = Christmann Keim.*

Einigen Hans Jeger.

Item IX d Niclauß Weinmeyhers[114] frauw hat dreben gesen.*[115]*

Item IX d Hans Mulers bub hat nuß uffgeleysen unter Nick Stormen[116] witwen baum*[117]*

Item II ß d des obermülers hinger in Schwoben Hansen[118] wingart.

Item II ß d Petter Cunradten[119] hinger in Hans Schwarzen wingart.

Item VI ß d Wendell Heynfelder[120] hinger in wingarten funden III mall.

Item IX d Veltin Obendruffs dochter uff Hans Hansen acker funden im g[roßen](?) ober was(?).

Item IX *[d]* Caspar Gessner[121] Meydel in gleicher gestalt.

Item IX d des obermule*[r]*s geyß im dort[122] graß.

Item II ß [d]*[123]* des Affensteins milers[124] hinger.

Item III ß IX d Matthes Schwencken[125] hundt in Hudtstocks wingart.

Item IX d Hanns Khleinen gaull in Hans Erharts[126] korn funden worden.

---

[114] *Niclaus Weinmeyher = Möglicherweise Weyherbecker.*
[115] *Der Eintrag ist gestrichen.*
[116] *Nick Stormen Witwe = Nikolaus Sturm, der bereits verstorben war, Witwe.*
[117] *Am linken Rand: Dedit.*
[118] *Schwoben Hansen = Johannes Schwab.*
[119] *Petter Cunradten = Peter Conradi.*
[120] *Wendell Heynfelder = Wendel Heynfeld.*
[121] *Caspar Gessner*
[122] *Dort = verdorrt, gedörrt oder auch Roggen oder Halme im Heu. Sehen Sie dazu: PfWB, Bd. 2, Sp. 363, Z. 41.*
[123] *Nicht klar zu erkennen wg. Lochfraß.*
[124] *Milers = Müller.*
[125] *Matthes Schwencken = Matthes Schwenk.*
[126] *Hans Erhart = Hans Erhardt.*

fol. 6r[127]

fol. 6v

Einung Hans Funken[128] Nicken[129] son

Item I ß VI d Matthes Deutsch[130] II buben haben nuß uff der alman[131] abgeworffen.

Item IX d Hans Milers bub hat drauben in Früderichs[132] wietwen wingart geßen.[133]

Item IX d Jerg Schmidts[134] [135] bub hat nuß uff der alman uffgeleysen.

Item II ß d des obermulers hinger in Steffan Webers[136] wingart.

Item IX d Zulliax Schwartzen bub hat drauben geßen in der heydgaßen in (einem)[137] wingart.

Item IX d.[138]

---

127 *Unbeschrieben.*
128 *Hans Funken = Hans Funk, Sohn des Nick Funk.*
129 *Nicken = Nick Funk.*
130 *Matthes Deutsch = Mattes Deutsch.*
131 *Alman = Almende, Flurname „Allmend", ein Stück, das allen „Mannen" gehört. Sehen Sie dazu: Wittmer (2000), Seite 103f.*
132 *Früderichs = Friedrich.*
133 *Am linken Rand: Dedit.*
134 *Wurmfraß, „Schmi" oder „Schni" möglich.*
135 *Jerg Schmidts, auch Schniedts möglich für Schneider = Georg Schneider.*
136 *Steffan Weber = Steffan Weber.*
137 *Wurmfraß, möglicherweise „einem".*
138 *Nicht ausgeführt; gestrichen.*

Item IIII ß d Jacob Heymels[139] hinger II mall in wingarten funden.

Item II ß d Hans Steynheymers[140] hinger.[141]

Item IX d Hans Frumen[142] bub hat drauben in Jacob Heymels wingart gesen.

Item III ß IX d Hans Schusters[143] hundt in Hans Schwenken wingart.

Item IX d Veltin Platzen[144] bub hat druben gesen in Wend*[e]*l Heynfeldts wingart.
Item II[145] ß III d zügsen[146] des Metzlers III kelber[147].
Item IX d Hans Ressers kalb sein inn den wusen funden worden.

fol. 7r

Einung Hans Funcken Nicken son
Item IX d Haupricht Kester[148] hat drauben uff der heyden gesen.[149]
Item IX d Hans Barchens[150] gaull ist funden worden in Thoman Posen[151] kraudt[152].
Item VII 1/2 ß d Hans Schwaben[153] frauwen hat drauben in Boshaben[154] kindts wingart
funden worden.
Item IX d des Scheffers[155] bub ist funden worden in Odwelders[156] wingart.

---

[139] *Jacob Heymels = Jakob Heymel.*
[140] *Hans Steynheymers = Hans Steinheimer.*
[141] *Der Eintrag ist gestrichen.*
[142] *Hans Frumen = Hans Frumen, auch Nachname Fromm möglich.*
[143] *Hans Schuster = Hans Schuster.*
[144] *Veltin Platzen = Veltin Platz.*
[145] *Davor gestrichen I ß.*
[146] *Zügsen = züchten.*
[147] *Kelber = Kälber. In Verbindung mit dem vorangehenden zügsen/züchten wohl „Zuchtkälber".*
[148] *Haupricht Kester = Haupricht Kester.*
[149] *Der Eintrag ist gestrichen.*
[150] *Hans Barchen.*
[151] *Thoman Posen = Thomas Possen.*
[152] *Kraudt = Kraut. Zusammenfassende Bezeichnung für Kohlarten. Sehen Sie dazu: Pfälzisches Wörterbuch, digitalisierte Fassung im Wörterbuchnetz des Trier Center for Digital Humanities, Version 01/23, <https://www.woerterbuch netz.de/PfWB>, abgerufen am 11.07.2023.*
[153] *Hans Schwaben = Hans Schwab, möglicherweise identisch mit dem bereits erwähnten „Hans Schwob".*
[154] *Boshaben = Böshaben.*
[155] *Scheffer = Schäfer.*
[156] *Odwelder = Odenwälder.*

Item VII 1/2 ß d des Scheffers geisen[157].

Item II ß d Hans Kleinen hinger.*[158]*

Item IX d zuchten gaull[159].*[160]*

Item VII 1/2 ß d Hans Ressers gaull ein nacht einung[161] ist in Hanns Hudstucks garten im samen[162] funden worden.

Item VII 1/2 ß d Hans Barchens gaull inn nacht einung in Hans Heynfelders[163] kraudt funden.

Item IX d Hans Steren[164] gaull in Hans Ehrharten samen funden.

Item IX d Anstet Obendruffen[165] kue.

fol. 7v[166]

fol. 8r

Jar schutzen[167] einung Jacob Schuster.

Item IX d Cunradt Merschen[168] bub hat weuden[169] abgeschneden.

---

[157] *Geisen = Ziegen.*

[158] *Am linken Rand: Dedit.*

[159] *zuchten gaull = Zuchtpferd.*

[160] *Am linken Rand: Dedit.*

[161] *Nachteinung = von Haustieren verursachter Flurschaden zu nacht. Sehen Sie dazu: Frühneuhochdeutsches Wörterbuch, http://fwb- online.de/go/nachteinung.s.1f_1648036665*

[162] *Im samen = Samen, Saatfeld. Sehen Sie dazu: PfWB, digitalisierte Fassung im Wörterbuchnetz des Trier Center for Digital Humanities, Version 01/23, <https://www.woerter-buchnetz.de/PfWB>, abgerufen am 11.07.2023.*

[163] *Hans Heynfelder = Hans Heynfeld.*

[164] *Hans Sterr = Johannes Sterr, Sterre, Stern.*

[165] *Anstet Obendruff = Anstet Obendruff.*

[166] *Unbeschrieben.*

[167] *Jar schutzen = Jahrschütz, Jahresschütze. Sehen Sie dazu: Leonhardt (1928), Seite 140, „zur Beschützung des Dorfes und der Flur gab es Nachthäscher, Feuerbeschauer, Jahrschützen, Kastanienbergschützen, Brunnenschützen und Winzler (d.s. Hilfsschützen im Herbst); ".*

[168] *Cunradt Merschen = Conrad Merß.*

[169] *Weiden = Weiden. Sehen Sie dazu: PfWB, Bd. 6, Sp. 1169: „die geschnittenen Weidenruten, als Flechtmaterial für Körbe, als Bindematerial für Reisig oder Reben, besonders auch im alten Kammertbau. ".*

Hanns Ginter[171] der jung.

Item VII 1/2 Hans Sterren gaull ein nacht einung ist funden worden in Hudstocks acker.

Item IX d gemelten Hans Sterren gaull ist funden worden uff den Spreinßell gasen[172] wusen.

Item VII 1/2 ß d Hanns Barchens gaull ein nacht einung.

Item VII 1/2 ß d ein[173] nacht einung Hans Klein ga*[u]*ll uff den Spreinßell gasen wusen funden.[174]

Item IX d des Scheffers kuw ist funden worden im[175] schulthesen[176] wingart.

Item IX d des obermüllers kuw ist heden[177](?) funden worden.

Item IX d Haers Hansen gaull ist funden worden in Mattheis Schwencken[178] wingart.

fol. 8v[179]

fol. 9r[180]

fol. 9v[181]

---

[170] *Ein Zierzeichen in Form einer Abschnittstrennung. Die Aufstellung war wohl abgeschlossen. Danach wurden noch einige Angaben aufgenommen. Möglicherweise war Hans Gunter der Junge auch ein Jahrschütze. Auffallend ist, daß er sich ausschließlich mit Tieren (Pferde, Kühe) befasste.*

[171] *Hans Ginter = Hans Gunter der Junge.*

[172] *Spreißell gasen = Spreißelgasse. Hier die Wiesen an der Spreißelgasse.*

[173] *Davor Streichung.*

[174] *Am linken Rand: Debit.*

[175] *Davor gestrichen Uff.*

[176] *schultheßen = Schultheiß. Schultheiß war zu dieser Zeit Johannes Obendruff der Alte.*

[177] *Heden = abstammend von Heide.*

[178] *Mattheis Schwencken = Matheis Schwenk.*

[179] *Unbeschrieben.*

[180] *Unbeschrieben.*

[181] *Unbeschrieben, gleichzeitig Rückseite des Heftes.*

[Ende der Übertragung]